VIDA EM MARTE

TRACY K. SMITH

TRADUÇÃO **Stephanie Borges**

/re.li.cá.rio/

para Raf

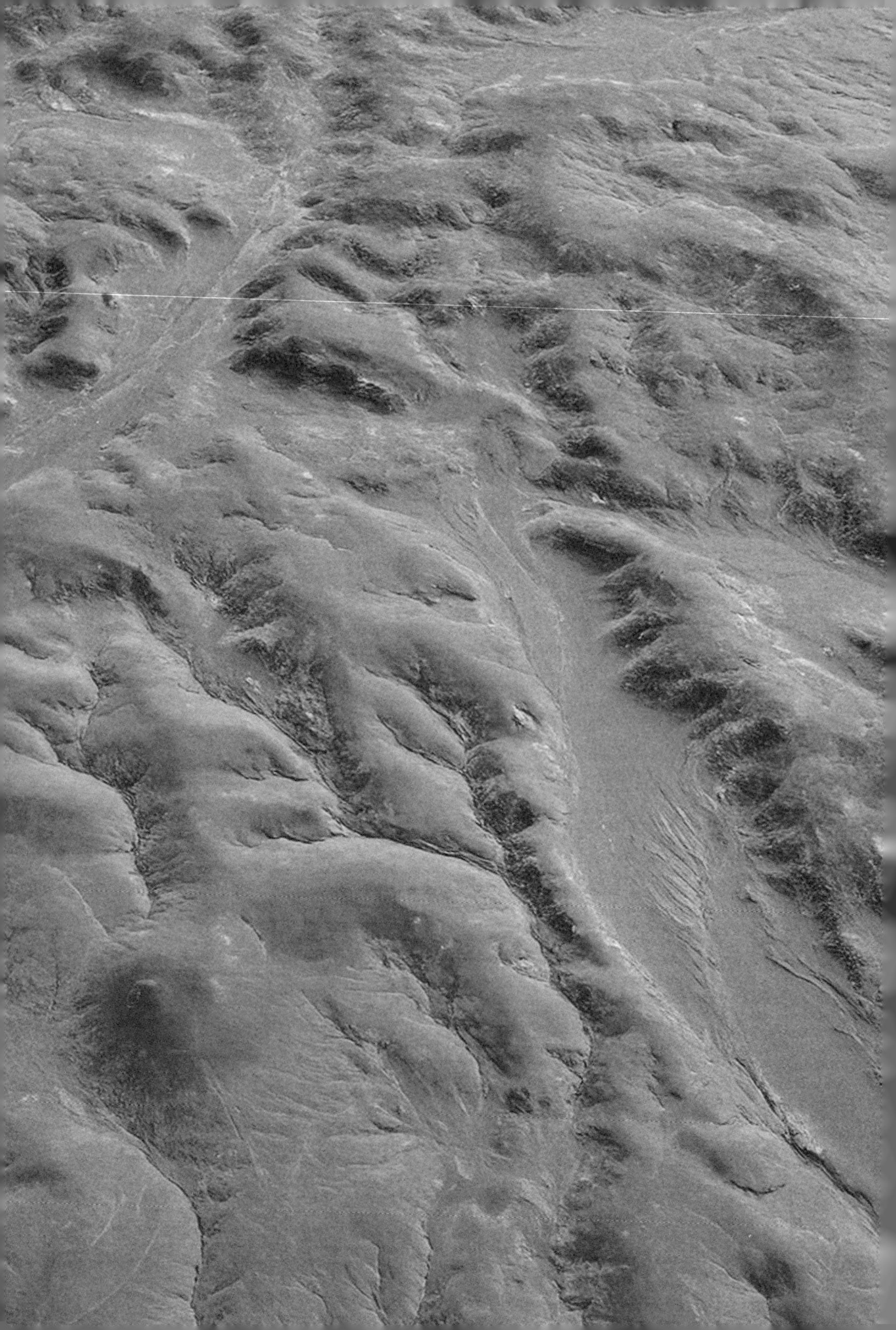

11 O clima no espaço

um

15 Ficção científica
16 Meu Deus, está cheia de estrelas
21 O universo é uma festa em casa
22 Museu da obsolescência
24 Catedral Kitsch
25 Em algum momento, eles vão querer saber como era
26 Isso & Cia.
27 A vastidão que somos incapazes de ver
28 Você não se espanta, às vezes?
31 Máquina salvadora
32 A alma
33 O universo: uma trilha sonora original para o cinema

DOIS

37 A velocidade da crença
44 Não é

TRÊS

47 Vida em Marte
53 Solstício
54 Zona de exclusão aérea
56 Challenger
57 Resgate
58 Eles podem amar tudo o que ele escolheu e odiar tudo o que ele rejeitou

quatro

- 67 O universo enquanto grito primal
- 69 Tudo o que já foi
- 71 Matinada
- 72 Guia de campo
- 73 Ovos noruegueses
- 74 A vida boa
- 75 Desejada no outono
- 77 Canção
- 78 Versão alternativa
- 79 Sacramento
- 80 Quando sua pequena forma desabou em mim
- 81 Nós & Cia.

- 83 Notas
- 86 Agradecimentos

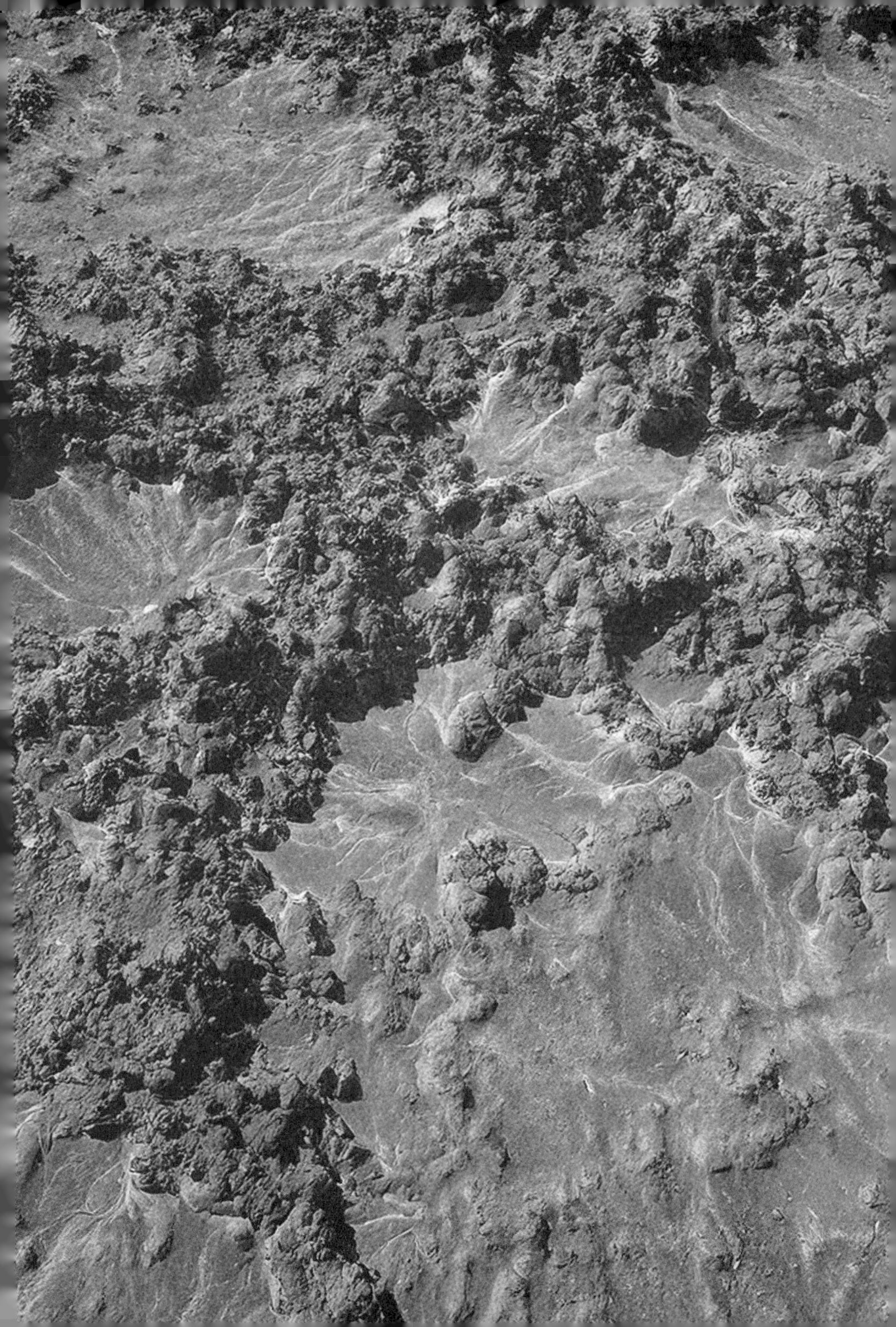

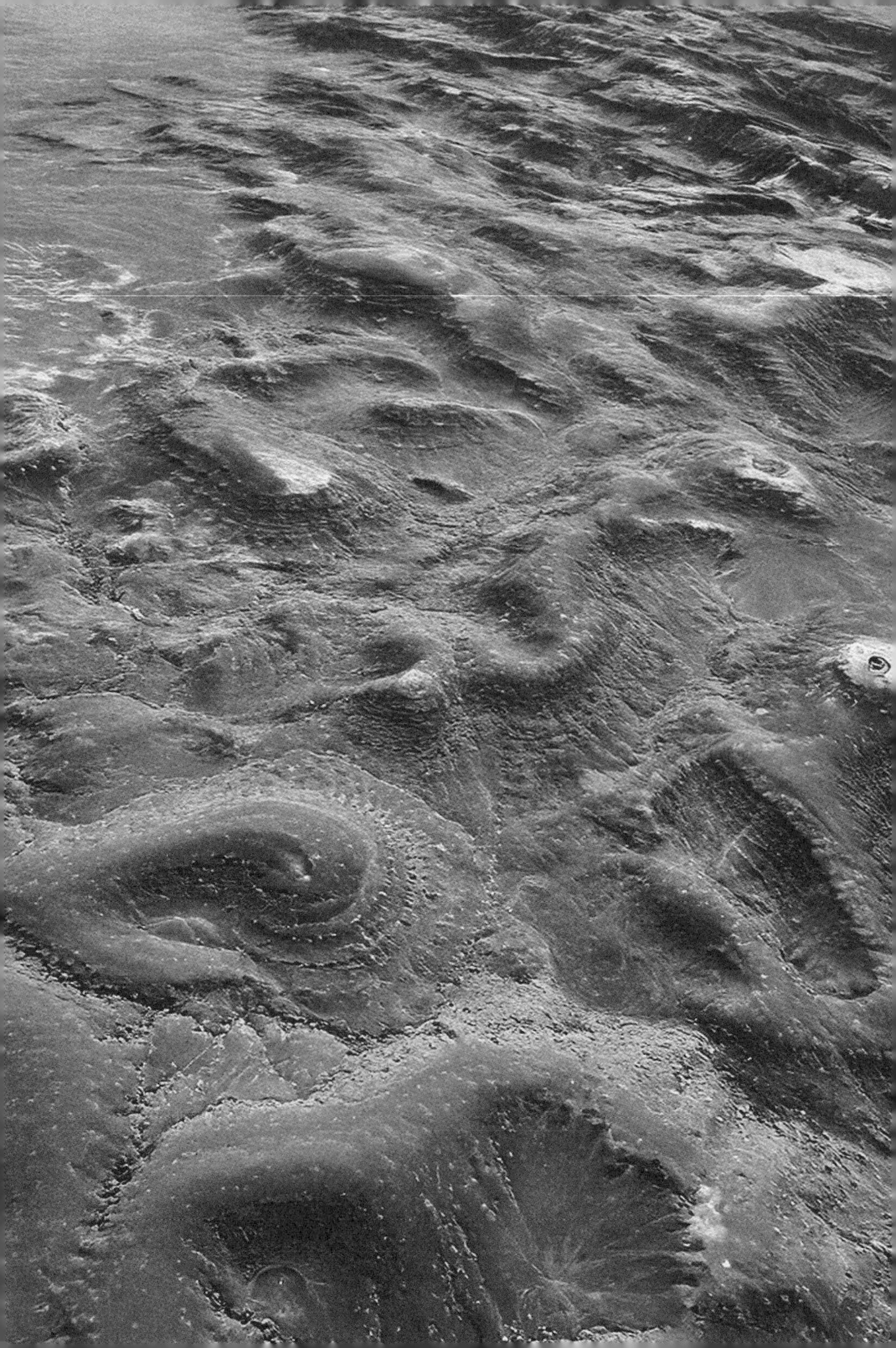

o clima no espaço

É a existência de Deus ou pura força? É o vento
Ou aquilo que o comanda? Quando nossas vidas desaceleram
E podemos abraçar tudo o que amamos, ele se espalha
No nosso colo feito uma boneca troncha. Quando a tempestade
Desaba e nada é nosso, saímos à caça
De tudo o que vamos, com certeza, perder, tão vívidas —
As caras radiantes de pavor.

um

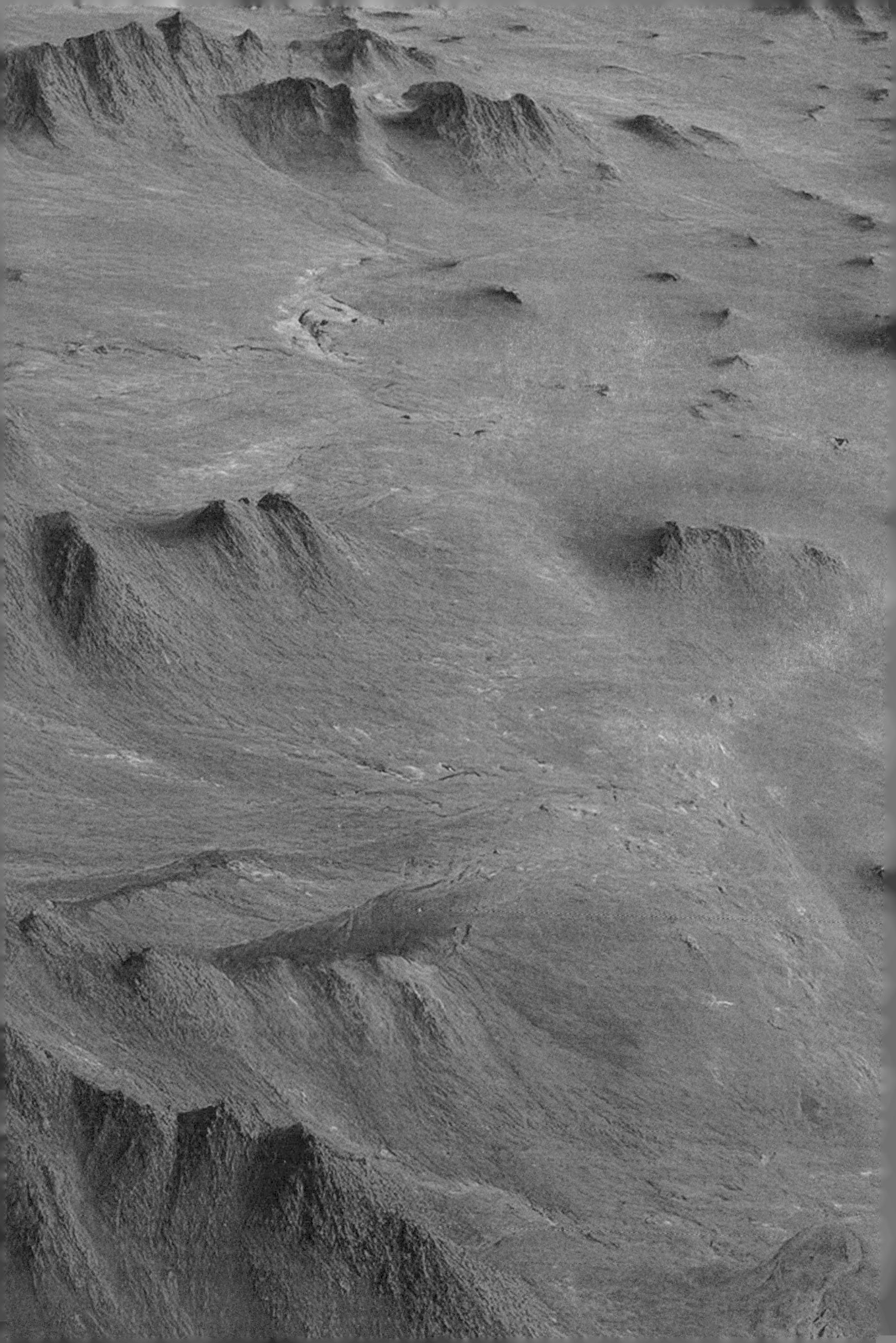

Ficção científica

Não haverá bordas, mas curvas.
Linhas límpidas apontando apenas adiante.

A história, com a lombada rígida e páginas dobradas
nas pontas, será substituída pela nuance,

Assim como os dinossauros deram lugar
A montanhas e tumbas de gelo.

Mulheres ainda serão mulheres, mas
As distinções serão vazias. O sexo,

Sobrevivendo a toda ameaça, vai satisfazer
Apenas a mente, que é onde existirá.

Pelo barato, dançaremos só para nós
Diante de espelhos emoldurados com lâmpadas douradas.

A mais velha entre nós reconhecerá aquele brilho —
Mas a palavra *sol* terá ganhado outro sentido

De Sintetizador de Oxigênio Limpo, um aparelho
Popular nos lares e asilos.

E sim, viveremos muito mais, graças
Ao consenso popular. Sem peso, transtornados,

A éons de distância até da nossa lua, à deriva
Nas névoas do espaço, que serão, de uma vez

Por todas, decifráveis e seguras.

meu deus, está cheia de estrelas

1.

Gostamos de pensar nele em algum paralelo ao que conhecemos,
Só que maior. Um homem contra as autoridades.
Ou um homem contra uma cidade de zumbis. Um homem

Que não é, de fato, um homem, enviado para entender
A caravana de homens que agora o persegue como formigas-de-fogo
Livres e soltas dentro das calças da América. Um homem em fuga.

Um homem com um navio para pegar, uma carga a despachar,
Esta mensagem se destina a todo o espaço... Embora
Talvez se pareça mais com vida no fundo do mar: silenciosa,

Flutuante, bizarramente benigna. Relíquias
De um design fora de moda. Uns gostam de imaginar
Uma mãe cósmica observando entre uma saraivada de estrelas,

Dizendo *sim, sim*, enquanto engatinhamos rumo à luz,
Mordendo o lábio se cambaleamos numa borda. No anseio
De nos dar colo, ela torce pelo melhor

Enquanto o pai tumultua nos cômodos ao lado
Esbravejando com a força do Reino dos Céus,
Sem se importar mais com o que poderia nos esmagar entre os dentes.

Às vezes, o que vejo é uma biblioteca numa comunidade rural.
Todas as estantes altas numa grande sala ampla. Os lápis
Numa caneca na área comum, roídos pela população inteira.

Os livros viveram aqui o tempo todo, pertencendo
A alguém por semanas seguidas, numa breve sequência
De sobrenomes, conversando (especialmente à noite) com um rosto,

Um par de olhos. As mentiras mais memoráveis.

2.

Charlton Heston espera que o deixem entrar. Primeiro pediu com educação.
Na segunda vez com a força do diafragma. Na terceira,
Ele fez como Moisés: de braços erguidos, o rosto um branco apócrifo.

Camisa limpa, terno ajustado, ele se curva de leve ao entrar,
Então parece mais alto. Ele mapeia a sala. Fica parado até eu gesticular,
Então se senta. Os pássaros começam a conversa vespertina. Alguém acende

Carvão lá fora. Ele me acompanharia num uísque. Água, se eu não for beber.
Peço para ele começar pelo começo, mas ele só volta até a metade.
Aquele foi o futuro um dia, ele diz. *Antes de o mundo virar de cabeça para baixo*.

Herói, sobrevivente, mão direita de Deus, eu sei que ele vê
A superfície deserta da lua onde vejo uma língua formada por ossos e tijolos.
Ele se senta altivo, dá um suspiro longo, lento, teatral,

Então expira. *Que eu saiba, eu era o último homem de verdade nesta terra*. E:
Posso fumar? As vozes lá fora se suavizam. Aviões vêm e vão.
Alguém chora porque ela não quer ir dormir. Ouvem-se passos.

A fonte no quintal do vizinho murmura sozinha, e o ar noturno
Leva o som lá para dentro. *Era um outro tempo*, ele diz, retomando.
Éramos pioneiros. Você vai lutar para viver, aqui, a terra avançando

Sabe Deus para onde? Penso em Atlântida sepultada em gelo, desaparecida um dia da paisagem, o litoral de onde emergiu agora áspero e glacial. Nossos olhos se ajustam à escuridão.

3.

Talvez o grande erro seja acreditar que estamos sós,
Que outros vieram e se foram — um sinal momentâneo —
Quando o tempo todo o espaço pode estar cheio de trânsitos,
Estourando as costuras com energias que não sentimos
Nem vemos, fluindo contra nós, vivendo, morrendo, decidindo
Fincar pé firme em planetas por todos os cantos,
Se curvando às grandes estrelas que comandam, lançando pedras
Nas suas luas, seja lá qual forem. Eles vivem se perguntando
Se seriam os únicos, conhecendo só o desejo de conhecer,
E a grande distância escura na qual eles — nós — lampejamos.

Talvez os mortos saibam, seus olhos enfim abertos,
Vendo os elevados feixes de luz de milhões de galáxias cintilarem
Ao crepúsculo. Ouvindo os motores arderem, as buzinas
Sem cessar, o frenesi de ser. Quero que esteja
Um pouco abaixo da baderna, feito um rádio sem sintonizador.
Em aberto, assim tudo conflui de uma vez.
E bem lacrado, assim nada escapa. Nem mesmo o tempo,
Que deveria se enroscar em si e espiralar feito fumaça.
Então assim eu poderia agora estar sentada ao lado do meu pai
Enquanto ele leva o fósforo aceso ao fornilho do cachimbo
Pela primeira vez no inverno de 1959.

4.

Naquelas últimas cenas de 2001, de Kubrick
Quando Dave é lançado no centro do espaço,
Que se desferra numa aurora de luz orgástica
Antes de desabrochar, como uma orquídea selvagem
Para uma abelha apaixonada, então se liquefazendo,
Aquarela, então uma gaze ondulando
Até que, enfim, a maré noturna, luminescente
E vaga espirala em redemoinho...

Naquelas últimas cenas, enquanto flutua
Acima dos vastos desfiladeiros e mares de Júpiter,
Sobre as planícies de lava espalhada e as montanhas
Cobertas de gelo, todo aquele tempo, ele não pisca.
Em sua pequena nave, sem ver no que navega, lançado
Através da ampla tela do tempo sem divisões,
Quem sabe o que se incendeia na cabeça dele?
Ele se move ainda pela própria vida, ou
Ela finda no fim do que ele consegue nomear?

No set, são cenas e mais cenas até Kubrick ficar feliz,
Então o figurino volta para a arara
E a imensidão brilhante do estúdio é apagada.

5.

Quando meu pai trabalhava no telescópio Hubble, ele disse
Que eles operavam como cirurgiões: esterilizados e empacotados
Em aventais verdes, a sala limpa e gelada, um branco reluzente.

Ele lia Larry Niven em casa, e bebia uísque com gelo,
Seus olhos vermelhos e exaustos. Eram os anos Reagan
Quando vivíamos com o dedo n'O Botão e fazíamos esforço

Para ver nossos inimigos como crianças. Meu pai passou estações inteiras
Curvado diante do olho do oráculo, ávido pelo que poderia encontrar.
Seu rosto se iluminava toda vez que alguém perguntava, e ele levantava os braços

Como se não pesassem, perfeitamente à vontade na infinita
Noite do espaço. No chão, amarrávamos cartões-postais em balões
Pela paz. Príncipe Charles e Lady Di se casaram. Rock Hudson morreu.

Aprendemos novas palavras para as coisas. A década mudou.

As primeiras poucas fotos vieram borradas, senti vergonha
Por todos aqueles engenheiros empolgados, meu pai e sua tribo. Da segunda vez,
A ótica tirou onda. Vimos até a borda de tudo o que existe —

Tão brutal e viva que parecia nos compreender também.

o universo é uma festa em casa

O universo está se expandindo. Veja: cartões-postais
E calcinhas, garrafas com batom no gargalo,

Meias órfãs e guardanapos secos dobrados em nós.
Rapidamente, sem palavras, tudo isso é jogado num arquivo

Com ondas de rádio de uma geração atrás
Vagando à margem do que não tem fim,

Feito o ar dentro de um balão. É brilhante?
Nossos olhos ficarão selados? É fundido, atômico,

Uma conflagração de sóis? Soa como o tipo de festa
Para a qual seus vizinhos se esquecem de te convidar: o baixo pulsando

Através das paredes, todo mundo bêbado e barulhento
No terraço. Polimos lentes até uma força impossível,

Nós as apontamos em direção ao futuro, e sonhamos com seres
A quem daremos boas-vindas com hospitalidade incansável:

Que maravilha, vocês vieram! Nem vacilaremos
Diante das bocas tipo agulheiros, os membros encaroçados. Vamos levantar,

Graciosos, robustos. *Mi casa es su casa.* Nunca fomos tão sinceros.
Ao nos verem, saberão exatamente o que queremos dizer.

É claro que é nossa. Se é de alguém, é nossa.

museu da obsolescência

Muito do que outrora cobiçamos. Muito
Do que teria nos salvado, mas em vez disso

Viveu sua própria e breve duração, retornando
À inutilidade com um consentimento calado

De uma pele trocada. Eles nos observam observá-los
Nossos olhos falhos, nosso calor revelador, corações

Batendo através das camisetas. Estamos aqui
para rir de nervoso das bugigangas, ferramentas ingênuas,

As réplicas de réplicas empilhadas feito tijolos,
Há dinheiro verde, petróleo em barris.

Potes de mel surrupiados de uma tumba. Livros
Recontando guerras, mapas de estrelas apagadas.

Na ala sul, há uma pequena sala
Onde um homem vivo está exposto. Pergunte,

E ele falará de crenças antigas. Se você rir,
Ele vai baixar a cabeça entre as mãos

e suspirar. Quando ele morrer, vão substituí-lo
Por um vídeo em loop infinito.

Instalações especiais vêm e vão. "Amor"
Ficou em cartaz por meses, seguida de "Doença",

Conceitos difíceis de entender. A última coisa que você vê
(Depois de um espelho — que tipo de piada é essa?)

É a fotografia de um velho planeta tirada do espaço.
Lá fora, vendedores oferecem camisetas, três por oito.

catedral kitsch

Deus ama o ouro?
Ele reluz para si
mesmo em paredes
Como estas, folheadas
Da riqueza mais delicada da terra?

Mulheres acendem velas,
Rezam as contas enroladas em seus punhos.
Câmeras cospem luz humana
Na vasta escuridão sagrada,

E o que brilha de volta
É alto e frio. Eu sinto
O homem aqui. O mesmo desejo
Que nomeou os planetas.

O homem com seus sapatos e ferramentas,
Sua insistência em provar que existimos
Assim como Deus, no que é grande
E pequeno, no que é imenso

E no que se esgota. Nos acordes
Que emergem dos altos tubos de latão
E do coro de latas amassadas
Que alguém arrasta sobre as pedras
Na rua secular.

em algum momento, eles vão querer saber como era

Tinha a ver com a sensação. Não só o durante —
Aquela agitação bruta de volume e fôlego, membros e dentes, a massa da gente,
A rapidez que inventamos e navegamos —, mas principalmente o antes.

A espera, sabendo o que estava por vir. A pontada. Prazer e então dor.
E então a viagem submarina do depois. Uma manta jogada sobre uma ponte.
De algum jeito você só doou algo que não levaria ao morrer. Simplesmente deu.

O melhor seria não ter nada. Sem esperança. Nenhum nome na garganta.
E ao encontrar em você o alento, o corpo, pedir.

isso & cia.

Somos parte d'Isso. Não convidadas.
Isso somos nós, ou o que nos contém?
Como pode Isso ser algo além de uma ideia,
Algo oscilando na espinha
Do número *i*? Isso é elegante,
Mas recatado. Evita as pontas cegas
De nossos dedos quando apontamos. Nós
Partimos procurando por Isso em todo lugar:
Nas Bíblias e bandas de frequência, florescendo
Como uma ferida no chão do oceano.
Ainda assim, Isso resiste à questão do falso vs. o real.
Descrente de nosso zelo, Isso é in-
Aplacável. Isso é como alguns romances:
Imenso e ilegível.

a vastidão que somos incapazes de ver

Quando nossa risada se espalha pelo chão
Como miçangas puxadas do pescoço de uma menina,
O que está à espera ali onde a risada se recolhe?

E depois, quando o fôlego entrecortado
Nos faz deitar num monte de folhas, o que se alimenta
Daquela folhagem com um foco incessante?

É sólido, mas impermeável, como o humor.
Feito Deus, não tem rosto. Como a luxúria,
Pisca sem a menor picada de culpa.

Entramos e saímos dos cômodos, deixando
Nossa poeira, nossas vozes empoçadas em soleiras.
Corremos de porta em porta sob um aguaceiro

De dias. Árvores antigas se dilatam, seus troncos incham
Com novos anéis. Tudo o que vemos cresce
Chão adentro. E tudo para o qual vivemos cegos

Inclina seu esforço imortal aos nossos ouvidos
                                        e canta.

você não se espanta, às vezes?

1.

Depois do anoitecer, estrelas brilham como gelo, e a distância percorrida
Esconde algo elementar. Não é Deus, exatamente. É mais como
Um ser esguio tristonho brilhante parecido com Bowie — um *Starman*
Ou um ás cósmico pairando, ondulando, aflito para nos fazer ver.
E o que faríamos, você e eu, se pudéssemos saber, sem dúvidas

Que alguém estava lá forçando a vista em meio à poeira,
Dizendo que nada está perdido, que tudo vive só à espera
De ser desejado intensamente outra vez? Então, você voltaria,
Mesmo que por algumas noites, à outra vida onde você
E aquilo que ela amava antes eram cegos ao futuro, e felizes?

Eu vestiria meu casaco e voltaria à cozinha onde minha
Mãe e meu pai esperavam, o jantar no forno para não esfriar?
Bowie nunca vai morrer. Nada virá buscá-lo em seu sono
Ou correr em suas veias. E ele nunca vai envelhecer,
Como a mulher que você perdeu, que sempre terá cabelos escuros

E o rosto rosado, correndo em direção a uma tela eletrônica
Que conta os minutos, os quilômetros a percorrer. Assim como a vida
Em que sou para sempre uma criança olhando o céu noturno pela janela
Pensando no dia em que tocarei o mundo com as mãos
Ainda que queime.

2.

Ele não deixa rastros. Desliza ligeiro como um gato. Bowie é assim
Para você: o Papa do Pop, discreto feito Cristo. Como uma peça
Encenada numa peça, a marca dele é registrada duas vezes. As horas

Pingam como água do ar-condicionado na janela. Transpiramos,
Nos ensinamos a esperar. No silêncio, o colapso acontece preguiçosamente
Mas não para Bowie. Ele ergue a cabeça, ri aquele riso malicioso.

O tempo nunca para, mas acaba? E quantas vidas
Antes da decolagem, antes de nos encontrarmos
Além de nós, só glamour e brilho, ouro e cintilância?

O futuro não é o que costumava ser. Até Bowie tem sede
De algo bom e gelado. Jatos piscam riscando o céu
Como almas em migração.

3.

Bowie está no meio de nós. Bem aqui.
Na cidade de Nova York. Usando boné de baseball
E jeans caros. Se escondendo
Numa bodega. Exibindo todos aqueles dentes
Para o porteiro quando sobe de volta.
Ou está pedindo um táxi no Lafayette
Enquanto o céu se enche de nuvens no crepúsculo.
Ele não tem pressa. Não se sente
como você pensa que ele se sente.
Não se pavoneia nem se gaba. Conta piadas.

Vivo aqui todos esses anos
e nunca o vi. É como não distinguir

um cometa de uma estrela cadente.
Mas aposto que ele queima luminoso,
Arrastando uma cauda de matéria branca-quente
Assim como uns de nós saem do banheiro
Levando um rastro de papel higiênico. Ele tem
O mundo inteiro aos seus pés,
Somos pequenos diante dele,
Embora existam ocasiões

Em que um homem do tamanho dele
Pode olhá-lo nos olhos por uma fração de tempo
E enviar um pensamento como BRILHA
BRILHA BRILHA BRILHA BRILHA
Direto para sua mente. Bowie,
Quero acreditar em você. Quero sentir
Sua vontade feito vento antes da chuva.
O tipo que todo mundo obedece,
Varrido naquela dança hipnótica
Como se algo com o poder para isso
Tivesse olhado o seu caminho e dito:
                    Vá em frente.

máquina salvadora

Passei dois anos sem olhar
No espelho do escritório dele.
Em vez disso, falava com as minhas mãos
Ou com a almofada no meu colo. Erguia o olhar
Ocasionalmente para soltar uma risada.
Gradualmente passou a ser como um encontro com um amigo
O que significa que era hora de acabar.

Dois anos depois, eu o vi andando
Subindo a Rua Jay em direção ao sol. Sem jaqueta
O rosto um pouco ressecado por causa do vento.
Ele parecia um homem comum trazendo
Camisetas da lavanderia, sorrindo
De algo que a filha tinha dito
Mais cedo naquela manhã. Bem antes

De você existir para mim, você era uma teoria.
Agora sei de tudo: as palavras que você odeia,
Onde você se coça à noite. No nosso corredor,
Há cinco fotos da sua esposa morta.
Isso é o que chamamos de compartilhar a vida. Ainda assim
De tempos em tempos, penso nele me observando
Por cima dos óculos ou comendo doces

De um pote. Eu me lembro de agradecer a ele toda vez
Que a sessão terminava. Mas o que eu mais queria ver
É uma mão humana estendida para retirar
Um seixo da minha língua.

a alma

A voz é limpa. Tem peso. Feito pedras
Jogadas em água parada, ou lançadas
Uma atrás da outra contra um muro baixo.
Enfraquecendo o que oferece resistência.
Nem sempre deixando um amassado, mas mantendo-o.
E o silêncio em torno dela é uma porta
Escancarada pela luz. Uma peça de roupa
Que acomoda seios, a privacidade
Entre as coxas. O corpo é o que preferimos
Tensionando ao acelerar, dançando a noite inteira.
Mas é a voz que entra em nós. Mesmo
Sem dizer nada. Mesmo sem dizer nada
Repetindo distraidamente a si mesma.

O UNIVERSO: UMA TRILHA SONORA ORIGINAL PARA O CINEMA

A primeira faixa quase ainda suinga. Címbalo e caixa, ou mesmo
Uns saxes barítonos que em breve a estratosfera queimará claramente.

Sintetizadores de corda. Então algo como celofane
Rasgando ao enganchar num sapato. Amassa e arrasta. Ruído branco,

Ruído escuro. De repente, o que deve ser vozes emerge, então afunda,
   [feito rebarbas de metal
No melaço. É uma pena para nós. Lá se vão as bandeiras que levamos

Até planetas secos como giz, as latas de metal que enchemos de fogo
Nas quais nos aventuramos como caubóis, interessados em tudo que
   [tentamos domar. Escute:

A escuridão que só podíamos imaginar, agora audível, vibrando
Rajada de estática feito carne enervada. Um coro de motores se agita.

O silêncio provoca: um desafio. Tudo o que desaparece
Desaparece como se retornasse a algum lugar.

DOIS

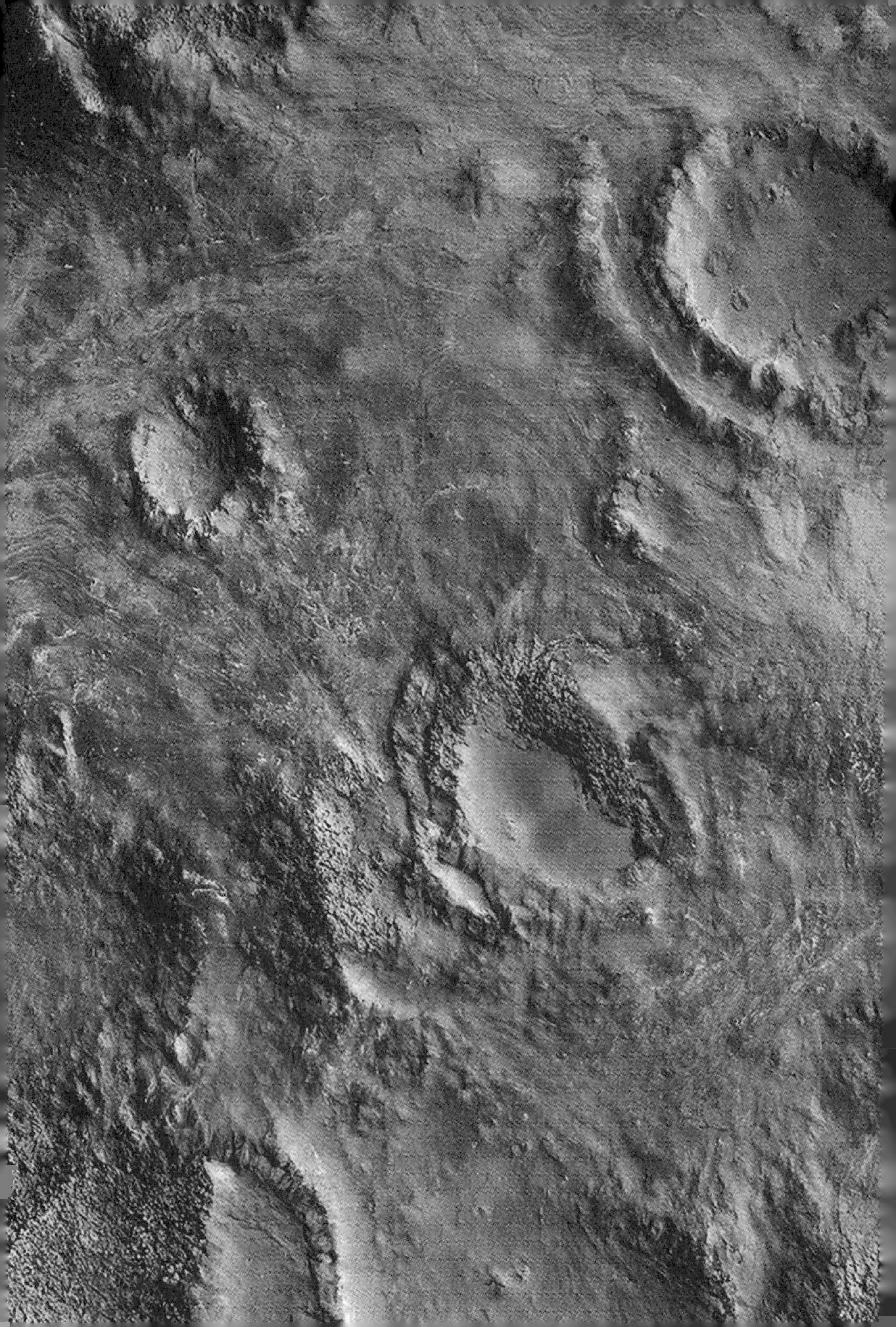

a velocidade da crença

> *Em memória de Floyd William Smith (1935-2008)*

Eu não queria esperar de joelhos
Numa sala silenciada pela espera.

Uma sala onde ouviríamos a respiração
Ofegar, o murmúrio em sua garganta.

Eu não queria as orquídeas ou as bandejas
De comida feitas para fortalecer aquele silêncio,

Ou rezar para que ele ficasse ou então seguisse
Finalmente em direção à luz estática.

Eu não queria acreditar
No que acreditamos naqueles cômodos:

Que somos abençoados ao desapegar,
Deixar alguém, qualquer um

Abrir as cortinas e nos erguer
De volta às nossas vidas ardentes, cegantes.

Quando nosso querido pai morreu
Você acordou antes da primeira luz
E comeu meio prato de ovos e angu
E bebeu um copo de leite.

Depois que você foi embora, me sentei no seu lugar
E terminei os pedaços de torrada com geleia
E os ovos frios, o bacon grosso
Mergulhado na gordura, apreciando os sabores.

Quando dormi, jovem demais para saber o quão estreita
E séria parecia a estrada à sua frente —
Todas as casas bem fechadas, as poucas
Nuvens da noite lamacentas feito café frio.

Você ficou fora por uma semana, e quem éramos nós
Sem seu perfil definido espantando
Qualquer coisa que nos metesse medo?
Uma vizinha trouxe um bolo. Comemos

Frangos assados, presuntos ao mel.
Baixamos nossas cabeças e rezamos
Para que você voltasse em segurança,
Sabendo que você faria isso.

O que uma tempestade libera? Espíritos despidos de carne em seu passo lento.
Os pobres nas cidades aprendem: quando não houver lugar para repousar, ande.

À noite, as ruas são campos minados. Só as sirenes superam os gritos.
Se estiver sendo seguida, se contenha e corra — não — ande.

Vaguei por noites com janelas acesas, risadas do lado de dentro.
O som das solas entre os postes, estrelas errantes. Lá embaixo, nada mais
   [andava.

Quando acreditávamos no além, enterrávamos tesouros com nossos mortos.
Uma região com cães e servos, onde fantasmas com robes bordados em ouro
   [andavam.

Amores antigos surgem em sonhos, ainda furiosos com cada desfeita.
   [Dispense-os.
A cama está cheia. Nossos membros se embaraçam no sono, mas nossas
   [sombras andam.

Talvez um dia será o bastante viver poucas estações e voltar ao pó.
Nenhuma criança para carregar nossos nomes. Nenhum luto. A vida será uma
   [breve e vazia andança.

Meu pai não para quieto, embora suas pernas estejam enterradas em calças e
   [meias.
Mas por onde será que tudo o que ele sabia — e tudo o que deve saber
   [agora — anda?

Provavelmente ele se estendeu
E aterrissou em cheio, bem ali, seu novo
Corpo capaz, magro, vibrando com a velocidade
Da crença. Ela provavelmente esperava
Sob a luz que todos descrevem,
Acenando para que ele viesse. Com certeza eles
Passaram o primeiro dia juntos, caminhando
Pela cidade até os pomares
Onde figos e ameixas perfeitas amadurecem
Sem medo. Eles nos falavam para não
Recorrermos a mesas brancas para saber deles. Nem mesmo
Visitar suas sepulturas. Talvez
Às vezes seja isso o que convoca
As pessoas presas em algum inferno impossível.
Aquelas que mais tarde recordam, "ouvi uma voz
Dizendo *Vá* e finalmente, como mágica, fui capaz
De ir, simplesmente".

O que acontece quando o corpo se afrouxa?
Quando o que nos ancora fica à deriva...
O que é nosso permanecerá intacto?

Quando eu era jovem, meu pai era o senhor
De um pequeno reino: uma esposa, um jardim,
Crianças para quem sua palavra era a Lei.

Foram anos para a minha visão endurecer,
Reduzi-lo a um tamanho humano
E perceber que a porta da rua estava aberta.

Eu a atravessei, e meus olhos
Engoliram tudo, sem se importar
Se cortava. Sangrar era a recompensa:

Eu era livre, filha de ninguém.
Aperfeiçoando um riso leve e fácil.

De todos os seres originários, os Javas foram iludidos pela luz verde manchada.
Também os Balis, balançando a cauda enquanto as últimas nuvens do mundo
[se dissolviam às suas costas.
E os Cáspios, conhecidos por suas jubas de inverno, se deitaram de uma vez
[por todas.
Ou acreditamos ter sido assim. Então eu imagino que você deva estar mais
[só agora.

O único calor da sua linhagem em quilômetros. Um país solitário. No
[alvorecer, você escuta
Além dos pássaros cruzando nas árvores, depois dos peixes e suas travessuras.
[Você escuta
O jeito que uma mulher ouve o instrumento do próprio corpo. Isso te alcança,
O meu desejo, como um aroma, um trapo ao vento. Não há bem nenhum em
[te convencer a voltar

daquele abrigo de folhas, da terra fresca e do nada a temer. Tão longe.
Que cama exuberante a sua. Tão pesadas as suas presas. O dia chega. Você
[devora, dorme
Vagueia pelo riacho. A noite se ajoelha aos seus pés feito uma cigana com
[joias reluzentes.
Você levanta a cabeça e a bocarra boceja. Você engole a luz.

Você deu um passo fora do corpo.
Desabotoado como um casaco.
Será que ele vai te arrastar de volta
Feito carne, voz, cheiro?

O que o calor queima sem tocar,
E o que isso se torna?
O que são aqueles que se movem
Por esses quartos sem nem mesmo

O embaraço das sombras?
Se você é um deles, eu louvo
O deus de todos os deuses, que é
Nada e lugar nenhum, uma lei,

Prova imutável. E se por hábito
Ou desejo você estiver fadado a ser um de nós
Outra vez, rezo para que você seja o que espera
Para irromper de volta ao mundo

Através de mim.

não é

para Jean

Aquela morte pensava em você ou em mim
Ou em nossa família, ou na mulher
Que nosso pai abandonou quando morreu.
A morte estava pensando no que devia a ele:
Sua jornada além do corpo, seus trajes,

Além dos impostos que enxameavam a cada ano,
O carro e sua injeção eletrônica, as árvores frutíferas
Carregadas no jardim. A morte o conduziu além
Da seção de ferramentas, do freezer com carnes enfileiradas
Da televisão repetindo várias vezes *Busquem*

E encontrarão. Então por que insistimos
Que ele desapareceu, que a morte escapou
Com tudo o que tínhamos de valioso? Por que ele não estaria
Somente nadando pela vida — seu lento
E gracioso nado livre, os ombros ondulando,

As pernas cortando as ondas, deslizando
Ainda mais longe naquilo que a vida em si nega?
Até onde sabemos, ele só foi longe demais. Embora
Quando tento, vejo a nuvem branca de seus cabelos
À distância como uma eternidade.

TRêS

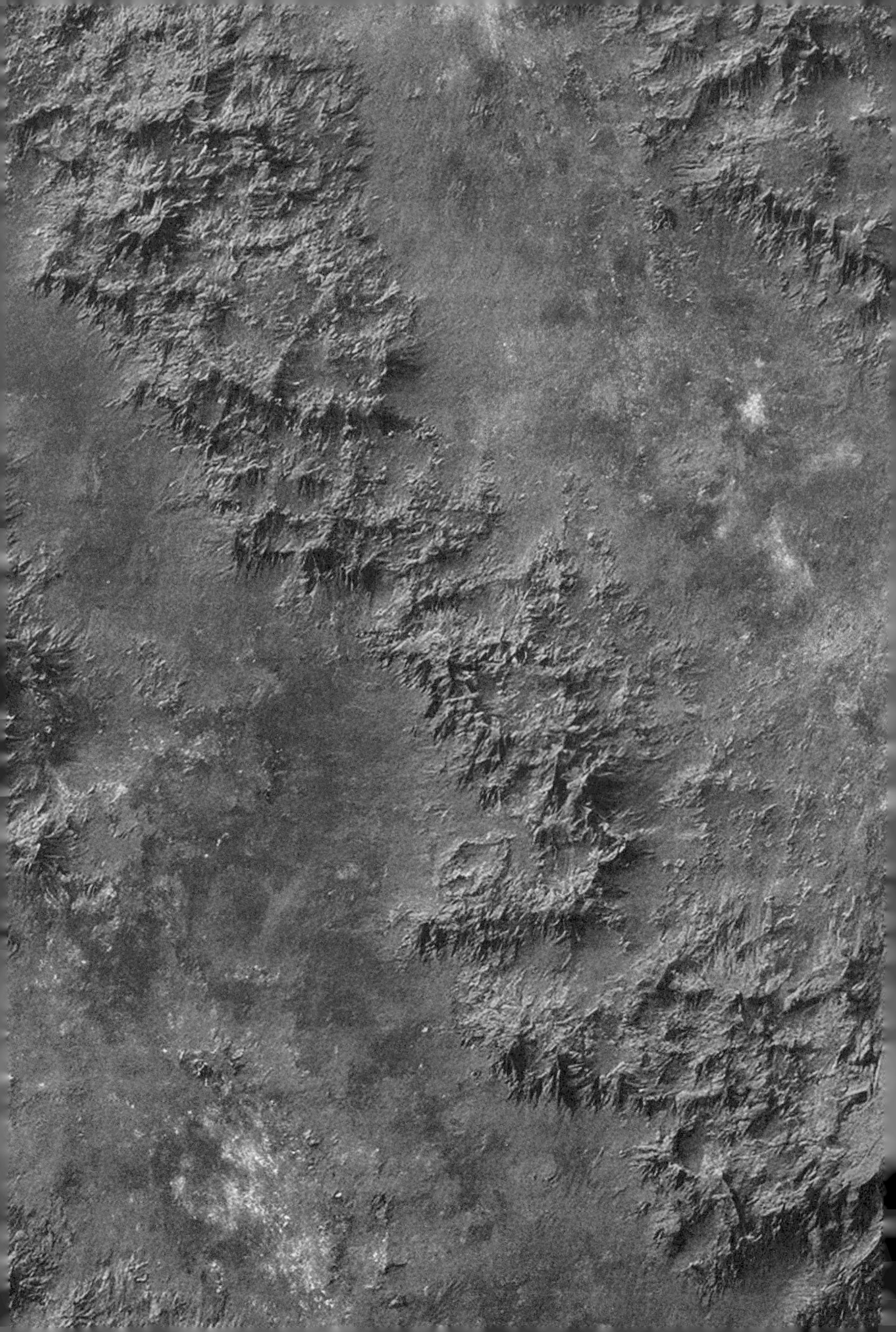

vida em marte

1.

Tina diz e se a matéria escura for como o espaço entre as pessoas
Quando o que as mantém juntas não é exatamente o amor, e eu acho
Que isso faz sentido — como a atração pode ser forte, como se algo
Mais esperto não deixasse vocês se afastarem tão facilmente, e o quanto
Você se sente pequena e pesada, travada ali girando no mesmo lugar.

Anita sente isso agora como um puxão para o telefone, embora saiba
Que o ouvido do outro lado não está mais lá. Ela vai bater a cabeça
Nos degraus da sala até abri-la, e a estática irradiada
Vai embalar seu sono, onde ela sonhará com ele caminhando à frente
Ao lado de uma mulher de cuja boca escapa O atrás de O de uma risada
    [digna de ópera.

Mas Tina não está falando de homens e mulheres, do que começa em nossos
    [corpos
E então os empurra rumo a qualquer lugar uma vez que a alegria desaparece.
Ela se refere a famílias. Como duas irmãs, digamos, podem deixar de se
    [conhecer
Parar de ouvir a mesma língua, de se queimar em algo
Toda vez que tentam se tocar. O que vive ao nosso lado fingindo ser ar?

2.

Ano passado, nos jornais, havia um pai que mantinha a filha
Trancada numa cela há décadas. Ela vivia bem debaixo dos pés dele
Cozinhando, assistindo TV. Os mesmos canos que atravessavam a vida dele
saíam e entravam na vida dela. A cada ano, os passos no andar debaixo se
  [multiplicavam.

Bebês chorando à noite. Crianças gritam querendo ir lá fora.
Todos os dias, o homem entra lentamente naquele quarto, trazendo comida,
Se deitando com a filha, que não tinha escolha. Como um deus
Se movendo num mundo onde todos os rostos olhavam furtivamente o dele,

E então se afastava. Elas o amaldiçoavam pelas costas. Ele não escutava.
Elas imploravam a ele por ar, e tudo o que ele via eram corpos ajoelhados.
Como era próximo aquele quarto. Que calor. E a esposa, no andar de cima,
  [ouvindo
O clamor delas sob seus pés, pensando que a casa só devia estar

Se acomodando em si mesma com o tempo.

3.

Tina diz que a matéria escura é só uma teoria. Algo
Que sabemos existir, mas não conseguimos provar exatamente.

Nós nos movemos em meio a ela, saltitando, sentindo-a abocanhar
O queremos dizer e revirá-lo em suas mãos

Como vidro peneirado no mar. Ela caminha pela orla
Observando a luz refratada dançar indo e vindo

Antes de jogar o que quer que tenha sido de volta às ondas.

4.

Como fomos capazes de entender tudo errado
Como uma história retalhada em pedaços e contada de trás para frente? —

5.

*Ele agarrou a minha blusa pelo colarinho.
E tudo o que pensei foi* Esse é o meu melhor momento
*E ele vai acabar com tudo. Vento, pó, as mãos dele
Contra mim. Ouvi os outros
Se empurrando para ver enquanto esperavam
Pela vez deles.*

*Eles não estavam felizes de fazer isso,
Mas estavam ansiosos.
Todos eles queriam e disputavam
Quem iria primeiro.*

*Fomos até a carroça
Onde os outros esperavam sentados.
Eles riam e soavam como
Nuvens negras que explodem
Sobre o deserto à noite.*

*Eu sabia qual direção tomar
Pelo cheiro ruim do que ainda queimava.
Era engraçado ver a minha casa
Desse jeito — como se o telhado
Fosse erguido e retirado
Por alguém brincando de boneca.*

6.

Quem entende o mundo, e quando
Ele o fará fazer sentido? Ou ela?

Talvez seja um par, e se sentam
Observando o creme se dispersar no café

Como uma bomba-A. *Isso se iguala àquilo*, alguém diz,
Organizando um enxame de coordenadas

Numa tela gigante. Eles trocam sorrisos.
É tão simples, terão acabado na hora do almoço,

E terão a tarde inteira à disposição para nomear
O espaço entre os espaços, que seus olhos

Foram treinados para distinguir. Nada
Os ilude. E quando o nada que é

Algo rasteja em direção a eles, querendo
Ser sentido, eles sentem. Então anotam rapidamente

Uma sequência de equações, um rindo para o outro,
Os lábios bem fechados.

7.

Alguns dos prisioneiros eram pendurados como pedaços de carne
No teto das celas. "Gus"
Era conduzido numa coleira. Quero dizer arrastado.
Outros eram cavalgados feito mulas. Os guardas
Estavam sob enorme prazer.

Pressão, quero dizer. Muito nojento. Não
Era algo que se esperaria dos americanos.
É brincadeira. Só estou falando de pessoas
Se divertindo, aliviando a tensão.

8.

A terra sob os nossos pés. A terra
Ao redor e acima. A terra
Deslizando contra as nossas casas,
Cúmplice da gravidade. A terra
Perene nos observando levantar e cair.
Nossas pás, nossos bois, as linhas recortadas
Que esculpimos no chão. A terra
Aprisionada e fatiada em território.
Retalhada e esburacada. Bem-tampada.
Aramada. A terra tiquetaqueando com minas,
Paciente, tomando seu tempo. A terra
Flutuando na escuridão, suspensa no giro.
A terra acelerando em torno do sol.
A terra na qual viajamos incrédulos.
A terra que saqueamos como ladrões.
A terra reduzida à lama no ventre
De uma vila onde não há comida. Enterrando a gente.
A terra escapando dos nossos sapatos.

9.

Tina diz que fazemos isso uns com os outros, todo dia,
Com ou sem intenção. Quando é amor,
O que acontece se parece com uma sorte besta. Quando não é,
Somos esburacados por balas, alvejados feito patos.

Todo dia. Com nós mesmos e uns com os outros. E se
seja lá o que for, e o que o provoca, não tiver nada a ver
Com o que não podemos ver? Absolutamente nada
A ver com o poder de algo além de músculo, vontade e puro medo?

SOLSTÍCIO

Nos arredores do JFK, estão envenenando gansos com gás.
Em breve, Teerã provavelmente estará cheia de sangue.
O *NY Times* fica mais fino a cada dia.

Aprendemos a voltar atrás em tudo o que dizemos
E a concordar, mais ou menos, com o que devíamos.
Perto do aeroporto, bandos inteiros envenenados com gás.

Muito do que nos pedem é para obedecer —
Um reflexo que abandonaríamos se pudéssemos.
Hoje o *NY Times* informou 19 mortes.

Eles vão fazer a oposição pagar.
(Se você for solidária, bata na madeira.)
Os gansos estavam aterrorizando o JFK.

Se lembra de como, uma vez, te ensinaram a rezar?
Olhos fechados, de joelhos, para qualquer deus?
Às vezes as mentes fechadas parecem tirar folga.

Fraude eleitoral. Uma praga migratória.
Cada vez menos coisas nos surpreendem pela estranheza.
Não gostamos do que eles fizeram no JFK.
Nosso tempo é curto. Definhamos dia após dia.

zona de exclusão aérea

1.

Ela teme algo mas não pode dizer o quê.
Ela vai de ré, limpando os próprios rastros.
Quando ela dorme, é sempre a mesma noite enevoada.

Os mortos pararam de bater. Sem resposta.
O carro grande deles pairava pelo quarteirão, o motor
desligado, caixas de som vibrando aquele baixo incessante

Nos ossos da casa dela. Toda noite eles passam
Garrafas apertadas em sacolas pra lá e pra cá
por janelas abertas.

Quero acordá-la. Arrastá-la pela camisola
Até a rua onde os pais dela
Estão vivos outra vez, feito adolescentes chapados rindo

De alguma piada idiota. Olha, eu quero dizer,
A pior coisa que você pode imaginar já
Fechou o casaco e está voltando
Pela mesma estrada de onde veio.

2.

Ela esvazia os pulmões de ar
Querendo se deitar
E se gastar feito cinza, pensando
Quem se preocuparia
Se eu entrasse no mar
Até ele me cobrir feito mel?

3.

Era uma vez uma mulher que disse a sua filha:
Salve-se. A menina não pensou em perguntar *do quê?*
Ela olhou nos olhos da mãe e respondeu *Sim.*
Anos depois, sozinha no quarto onde mora
A filha escuta a vida da qual foi salva:
Tagarelice noturna. Risadas de verão. Corpos jovens
Correndo em direção ao perigo absoluto da felicidade.

4.

Lá onde as casas se voltam para o chão
Encolhidas ante árvores desgrenhadas e postes antigos
Com fios que transmitem fofocas de uma cozinha a outra,
Os cães correm em matilhas, como as crianças. As crianças de verdade
Vivem dentro de casa como sábios rabugentos. *Arrume a cama e saia.*
Você se acostuma a não fazer nada bem rápido. Peixe às sextas.
Biscoitos no molho. É um pecado viver atrás das cortinas.
Arrume a cama e saia. A teimosia da memória —
Quero dizer, do sofrimento. Você se senta calada esperando ser escolhida.
Sendo comportada. *Arrume a cama e saia.* Você queria tudo isso
Outra vez. Pretérito perfeito. Mas volte e eles farão você
Começar do começo. Saia e eles vão te trazer de volta.
Você fica lá deitada, esperneando como um bebê, esperando que Deus em pessoa
Te erga além das grades do seu berço. O que
A sua vida diria se ela pudesse falar?

CHALLENGER

Ela se irrita tanto. Acho
Que ela gosta disso. Como um trapo torcido, ou um fio
Enrolado em torno de si mesmo num poço.

E a pressão, a força bruta
Necessária para manter as coisas desse jeito, impedir
Que se endireitem, cabe a ela

Sustentar. Ela é feito uma chaleira prestes a explodir.
Todo aquele vapor ansioso por emergir e escapar.
Fico cansada de ver isso acontecer. Os olhos

Vívidos com a fúria de si mesma,
As palavras inchando no peito, e então
A voz se chocando contra o rosto de qualquer um.

Ela gosta de ouvir, sua garganta áspera
Com a bobagem e a história que deve
Ser contada várias vezes, não importa.

Lancei! Ela gosta de pensar, embora
O que venha à mente no momento
Seja mundano. Um vento regional. Frio e fraco.

Resgate

Quando os cargueiros se movem lentos à distância
Os homens carregam seus barcos pequenos. Desligam motores,
Zumbindo como mosquitos, mirando na lateral
De metal do navio cego a que se achegam furtivamente.

Eles têm armas. Conhecem o mar como se
Fosse a mãe deles, e ela não está bem. Seus peixes
Desapareceram. Ela levanta tonéis que vazam doença
Em suas costas. Quando fica muito brava,

Lança uma maldição sobre a terra, arrastando
Casas, pessoas até a morte. Ela brilha
De um jeito que não deveria. Ela tem gosto de indústria.
Ninguém está lutando por ela, então eles lutam.

À noite, eles carregam seus barcos e desligam os motores,
E de manhã, apontam suas armas para os navios,
Subindo a bordo. Está claro o que eles querem.
Homens brancos se atrapalham. Alguns revidam.

Quando um é pego, o mundo inteiro para
Para assistir. Quando os piratas são vencidos, o mundo
Sorri para si, agradece a bondade. Eles
Mostram as caras pretas e os corpos negros sem vida

Na TV. Quando os piratas vencem, depois que o grande
Navio branco retorna ao seu próprio litoral,
Há uma festa que dura dias.

eles podem amar tudo o que ele escolheu
e odiar tudo o que ele rejeitou

I.

Não quero ouvir a voz deles.
Ficar de pé fazendo muxoxo enquanto eles
Reclamam. Dessa vez, não quero saber
O que eles chamam de verdade, ou quais bandeiras
Tremulam nos mastros erguidos em seus telhados.

Deixe que esperem. Leve-os à varanda dos fundos
E deixe-os se encostarem lá enquanto os outros comem.
Se tiverem sede, dê-lhes um balde e uma caneca de lata.
Se estiverem doentes, avise que o médico mora longe
E não cuida de gente como eles. Avise

Sobre o tipo de perigo que tende a brotar
Por aqui quando escurece.

II.

O ódio faz muitas coisas e desliza pela superfície
Atiçado pela maré. Quando as ondas crescem para quebrar,

Ele se espatifa em pedacinhos ligeiros. Alguns
São absorvidos pelos que nadam, que por sua vez

São capturados. Fisgados pelos lábios ou guelras e arrastados
Até o deque para se debater aos pés de homens que vão abatê-los,

Então arrancar suas escamas e fritá-los em imersão. Depois
Uns vão dormir. E vão sentir a reviravolta

nas entranhas. A noite será diferente depois disso. Curta demais.
Algo que eles juram que poderia desaparecer completamente,

Poderia ser agitado e adormecer, deixando somente o sol,
Que não tem nenhuma ideia melhor do que lançar sua melhor luz,

Sobre qualquer um.

III.

Shawna Forde, Jason "Gunny" Bush e Albert Gaxiola,
Que mataram Raul Flores e Brisenia Flores.

No início, se parece talvez com boiar
Então uma grande correnteza te pega

E James von Brunn, que matou Stephen Tyrone Johns.
E Scott Roeder, que matou George R. Tiller.

E você segue — sobe até a crista
Galgando a parede — sentindo uma rajada de luz

E Stephen P. Morgan, que matou Johanna Justin-Jinich.
E Andrew Dunton, que matou Omar Edwards.

Quebrando à sua volta
Como o vento.

iv. **Em que os mortos enviam cartões-postais dos pontos turísticos mais famosos dos EUA para seus agressores**

Querida Shawna,

Como você está? Hoje pegamos um barco até uma ilha. Fazia frio, ainda que o sol quente batesse na minha pele. Descemos do barco, havia uma estátua de uma senhora alta. Papai e eu pegamos um elevador até lá em cima, ao topo da cabeça dela. Papai disse que agora estamos livres para fazer o que quisermos. Falei para ele que queria pular pela janela e voar de volta para casa no Arizona. Quando crescer, quero ser dançarina ou veterinária.

Com amor,
Brisenia

....

Querido James,

Caminhei pelo parque inteiro, do Capitólio ao Memorial de Lincoln. Pensei em não passar pelo Museu, mas meus pés queriam ir até lá, então os segui. Fiquei parado do lado de fora tentando ver o interior, mas havia tanta claridade que meu reflexo era tudo o que reluzia diante de mim. Posso escolher sentir ou não sentir. Percebi isso hoje. Em geral, é bom me mover em meio à multidão como era antes: sem ser notado. Só que agora eles se movem através de mim. Homens, mulheres, todo mundo sem se sentir tocado. Mas eu os toquei. É engraçado. A brisa à beira do Rio Potomac é calma.

Com apreço,
Stephen

....

Oi, Scott!

Pensei em você hoje na cabine dentro do Gateway Arch, em St. Louis. Subimos devagar, pouco a pouco, como num lamento pela Guerra Fria. Lá no topo, as portas bocejavam abertas e abrimos caminho em meio às pessoas esperando para descer de volta. Basicamente, a vista é do estádio. Por outro lado, você vê a cidade velha numa decadência passiva. Você percebe o quanto é pequeno lá em cima, mas todo mundo ainda age como se fosse do tamanho normal. Nós éramos um ataque ao arco lustroso, silencioso e cintilante ao lado do atemporal Rio Mississippi. Mas os caras lá no chão continuavam vendendo ingressos e mandando mais gente lá pra cima. Você consegue sentir o vento balançar a estrutura inteira lá do topo.

Nos vemos por aí,
George

....

S—

Estou feliz. Provavelmente estarei na Grécia em breve, ou nas montanhas do Chile. Eu costumava pensar que meu corpo era um recipiente para o amor. Há muito mais agora sem o meu corpo. Um tipo de êxtase. Hoje à noite, estou no fundo do Grand Canyon. Não sei onde eu vim parar. *A noite está estrelada/ E, lá longe, tremulam os astros azuis.*

—J

....

Querido Andrew,

Ainda estou aqui. Não penso em você com frequência, mas quando faço isso penso que você deve olhar para as pessoas lentamente, dirigindo devagar entre as versões anteriores de suas vidas antes de falar. Penso que você deve imaginar o que há debaixo dos casacos, dentro dos punhos fechados, quais palavras elas guardam aquecidas em suas gargantas. Penso que você se sente humilde, humano. Raramente penso em você, mas quando faço isso, em geral, é assim.

Com carinho,
Omar,
Harlem, EUA

....

v.

Ou era o medo
           Forde, "Gunny" e Gaxiola.
Como uma espinha atravessada na garganta
             E James von Brunn.
              E Scott Roeder.
Arranhando a cada respiração, todas as palavras na boca
            E Stephen P. Morgan.
Como se fossem eles piada
           E o policial Andrew Dunton.
E ninguém de confiança a quem recorrer?

VI.

Enfileire todos eles. Vamos encará-los.

Não são totalmente feios como gostaríamos.
Sem serem observados, eles seguem suas vidas
Com uma concentração costumeira. Eles quitam

Suas dívidas parceladas. Pagam o dízimo.
Sentem o orgulho comum de sua devoção
Por princípio. E como cada um está radiante,

Tocado pela compreensão, pronto para se levantar
E seguir em direção àquela luz inconfundível.
A boa luta. Um a um se levantam

Acreditando no que fazem, abaixando a cabeça
Para o que comanda. E, esvaziados do medo, otimistas
Com a agitação de tal possibilidade,
                                        eles vão.

QUATRO

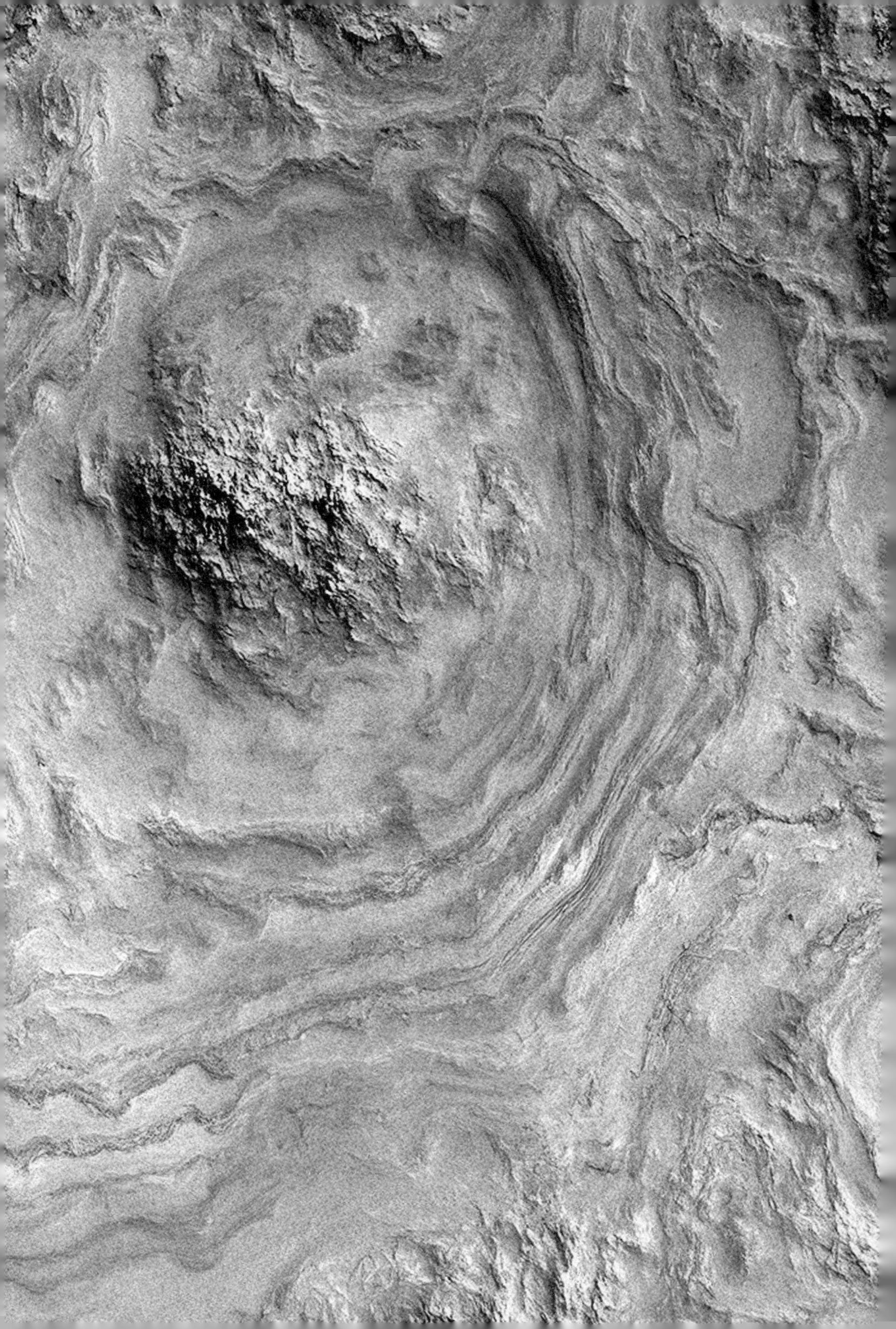

o universo enquanto grito primal

5 da manhã em ponto. Eles abrem a boca
E os soltam: altos, estridentes, metálicos.
Primeiro o menino, depois a irmã. Às vezes
Ambos se animam de uma vez, e penso
Em calçar os sapatos para subir e ver
Se é simplesmente um experimento
Que os pais deles têm conduzido
Com o bom cristal, que certamente deve
Estar espatifado em pó no chão.

Talvez a mãe ainda esteja orgulhosa
Dos quatro pulmões rosados que cuidou
Com afinco. Talvez, se eles atingirem
Decibéis mágicos, o prédio inteiro
Vai decolar, e seremos levados até a glória
Como Elias. Se for esse o caso — se os gritos
Deles se elevarem com essa intenção —, que o céu
Passe do azul ao vermelho, ao ouro fundido,
Até o preto. Que venha o paraíso, nossa herança.

Seja ela a nossa morte em trajes do Velho Testamento,
Ou uma porta aberta para o infinito turbulento do espaço.
Seja ela quem se curva para nos receber como um pai,
Ou nos engolir como uma fornalha. Estou pronta
Para encontrar o que se recusa a nos deixar deter qualquer coisa
Por muito tempo. O que nos provoca com bençãos,
Nos verga com o luto. Feiticeiro, ladrão, o grande
Vento com pressa de derrubar nossos espelhos no chão,
Para varrer as evidências de nossas vidas curtas. Quão cruel

Soa nossa barulheira ao lado disso. Meu som no aleatório.
Meu vizinho picando cebola do outro lado da parede.
Tudo isso é só um soluço diante do que talvez nunca
Venha até nós. E as crianças lá em cima ainda assim
Gritam como a Aurora da Humanidade, como se algo
Que elas ainda não são capazes de nomear começasse a insistir
Em nascer.

TUDO O QUE JÁ FOI

Como um rastro amplo na água, ondulando
Infinitamente ao longe, tudo

O que já foi ainda é, em algum lugar,
Flutuando perto da superfície, acalentando
A própria fome por você e por mim

E o agora que nomeamos
E para o qual criamos um lugar.

Como a correnteza às vezes
Sobe com força repentina, reivindicando um pequeno
Pedaço de onde estamos.

Como o vento cavalgado pela chuva,
Varre as folhas,

Abrindo as janelas
Que não travamos rápido o suficiente.
Água escura que levará dias para escoar.

Ela nos surpreendeu na noite passada durante o sono.
Trouxe comida, um presente. Ficou de pé bem ali

Entre nós, enquanto seus olhos
Dançavam em direção aos meus, e minhas mãos
Trabalhavam com uma linha pousada no meu colo.

De perto, era tão magra. E quando enfim
Você me alcançou, ela recuou,

Desamparada, mas não derrotada. Hoje
Seja lá o que ela era, parecia leve, um rastro
De nuvem se elevando em meio à fumaça.

E as árvores que observam enquanto escrevo
Balançam com a brisa, como se tudo que se mistura

Debaixo da terra fosse uma comichão de conhecimento
Que as grandes raízes cegas vão extrair
E eventualmente ultrapassar.

matinada

Você acorda assustado de algum sonho
Perguntando se quero dar uma volta no quarteirão.

Você lida com as coisas que precisam ser resolvidas
Antes de segunda. Seis e-mails. Uma apresentação sobre Manet.

Não, eu não quero me vestir e me calçar
Pôr óculos escuros e seguir você e o cachorro

Descendo a Rua Smith. São 8h da manhã. O sol
Está brincando com as nuvens espessas e as árvores

Sacodem suas copas ao vento. Você suspira,

Gira os pés no chão, volta até o meu lado
Deixa sua bunda despencar sobre a cama.

Você recorre ao tempo. A máxima de hoje é 25°
Mas isso só daqui a horas. E olha para o cão

Ainda apagado, se mexendo num sonho.

Quando paramos de falar, ouvimos os sons suaves
Que ele emite dormindo. Não é bem um latido. É mais

Um balbucio. Como se estivesse no meio de uma cena
Em que ele se vê diante de um grande deus cachorro

Tentando explicar a sua vida.

guia de campo

Você era você, mas de vez em quando você mudava.
Às vezes seu rosto era um ou um outro ele,
E quando parei para encará-lo, seu corpo recuou.
Você queria ficar só — sozinho. Você vagou
Pelas ruas repletas de pessoas: mulheres de mochila,
Ou miçangas de madeira. Garotas prendendo a fumaça
Um instante antes de soltá-la pelos lábios vermelhos
Posando, sem inalar. Você sorriu
Feito um homem que sabe como abrir um cofre.

Ao chegar no ponto em que você era sempre só
Ele, eu tive que me livrar disso, me levantar
E colocar meus pés no chão. Eu não tinha vivido
Isso muitas vezes antes? É de manhã, mas a luz ainda é turva.
Chove no jardim e uma pomba repete
Onde? Está? Você? Leva um tempo, mas uma voz
Finalmente responde. Uma longa frase. Repetida
Várias vezes. Com urgência. Sem se cansar mesmo depois de a pomba
Parecer satisfeita.

ovos noruegueses

Dê a um homem um bastão e ele vai atirá-lo contra o sol
Para o cão dele correr e pegar enquanto cai. Ele apreciará
O estalo dos dentes irregulares, o ofegar áspero
Serrando ao entrar e sair pela boca escarpada, o chacoalhar
Das placas da coleira enquanto o cão galopa de volta. Ele se curvará
E fará isso várias vezes, então a caminhada pela grama
Dura a manhã inteira, o cachorro cansado agora no calor,
O bastão agora tão molhado e retorcido que não navega
Tanto quanto uma gota. E quando o cão cai na grama
Como um troço estúpido, e ainda que você não queira nada
Mais que um prato de ovos num café na calçada, o homem —
Que também, a essa altura, abandonou até a ideia de *pegar* —
Vai te empurrar contra uma árvore e acomodar a perna dele
Entre as suas enquanto a língua dele esforçada sussurra
Convincentemente dentro da sua boca.

a vida boa

Quando algumas pessoas falam de dinheiro
O mencionam como se fosse um amante misterioso
Que saiu para comprar leite e nunca
Voltou, e isso me dá nostalgia
Dos anos que vivi a base de pão e café,
Faminta o tempo todo, indo trabalhar a pé no dia do pagamento
Como uma mulher em busca de água
Saída de uma vila sem poço, então vivendo
Uma ou duas noites como todas as outras pessoas
Com frango assado e vinho tinto.

DESEJADA NO OUTONO

O quarto é vermelho por dentro,
Como nós. Entramos
E meu coração sai de seu tom
De *logo, logo*. Eu me ajoelho

Na cama e espero. O silêncio
Atrás de mim é você, respirações curtas
Que nem sequer farfalham. Isso vai longe.
Aperto os lençóis, contando as horas

Para me mandar. Fecho os olhos,
Então o vermelho agora é mais escuro, profundo
Uma distância desejada que recua
Conforme nos aproximamos mais rápido.

Sonho com um terreno pequeno e seis
Cabritos. Toda noite chove.
Toda manhã o sol sai
E a terra se firma outra vez sob nossos pés.

Estou escrevendo isto para que assim seja,
Adentro sua vida por um momento,
Mas meu encontro vem ao crepúsculo
Num bar varrido pela música

De uma jukebox engasgada com notas esfarrapadas.
Voltaremos a pé descalços na noite,
Carregando nossos sapatos para poupá-los
Da chuva. Vamos rir

Para lembrar de todas as coisas
Que nos mataram numa outra vida,
E de todas as bobeiras, a avidez por tudo
Macio a ponto de ser partido entre os dentes.

canção

Penso em suas mãos muitos anos atrás
Aprendendo a manejar um lápis, ou se esforçando
Para fechar um casaco. As mãos que nada faziam na aula,
As unhas roídas distraidamente. A autoridade desajeitada
Com que elas se lançavam ao ar quando sabiam
Que você sabia a resposta. Penso nelas repousando vazias
À noite, ou nos dedos cutucando algo
No seu nariz, ou enfiados na caverna da sua orelha.
Todas as coisas que elas fizeram, com cuidado, deliberadamente,
Obedecendo ao capricho mais repentino. Suas vergonhas.
E como elas falharam. Do que elas não se esquecem ano após ano.
Nem agora. Repousando no volante ou sobre o seu joelho.
Tento definir o que elas sentem ao acordar
E descobrir que meu corpo está perto. Antes do toque.
Tomando um impulso no silêncio fácil que dança entre nós.

versão alternativa

Para Levon Helm

Tenho quebrado a cabeça o dia inteiro com os mesmos seis versos,
Partidos e entalhados como o fim de um lápis
Mastigado e esquecido, a tinta amarela manchando meus dentes.

E esse tempo todo uma brisa quente tem golpeado a porta,
Soprada dos lábios dele e pousada como um beijo na minha orelha.
O dia inteiro espancando o diabo por seis versos e sair de mãos vazias,

Enquanto ele dirige em círculos no sertão da minha cabeça com
Sua voz de estrada de terra, levantando cascalho feito um Buick em fuga.
Ele pergunta *Eu deveria entrar com aquele contratempo*, e qualquer um
  [daqueles

Seis versos seriam perturbados pelo movimento feito água na gordura
  [quente.
Entre, Levon, com seus lábios selados e aquele sorriso de olhos apertados,
Marreta de percussão socada na bateria. Bata como se você soubesse

Que você sabe, ombros abertos e altos, o queixo apontando para cima,
Então a canção precisa achar uma saída como um homem em uma mina.

sacramento

As mulheres todas cantam quando a dor é demais.
Mas primeiro há um silêncio profundo desesperado.
Não sei o que se acalanta dentro delas, o que quer
Derrubá-las. Não só a criança,
Que só sabe obedecer. Esse algo
Tira delas a conversa fiada, a dancinha boba,
As põe de quatro implorando pra morrer. Então
As ergue puxando os cabelos, ou as deita de barriga pra cima
E as atinge na cabeça. Então elas veem aquilo,
Tão brilhante quanto deve ser a morte, mandando *agora*.
E outra vez, depois de uma pausa. *Agora*. Nada mais
Existe entre aquilo e elas. O ar queima,
Os sons chamuscam. Suas vozes afundam nas entranhas,
Descendo as carnes até o inferno do próprio corpo. Às vezes
Leva uma eternidade para que aquela canção que só animais conhecem
Escale subindo em direção ao ar como se explodisse da garganta.

QUANDO SUA PEQUENA FORMA DESABOU EM MIM

Deitada espraiada na cama como um tapete de pele de animal:
De bruços, pernas abertas em forquilha. Era inverno.
Dia útil. Seu pai tamborilava os pés no chão.
As crianças do andar de cima arrastavam algo pra lá e pra cá
Sobre rodas rangentes. Eu estava vazia, esgotada
Por qualquer coisa que incha, rodopia e então quebra
Noite após noite naquele quarto. Você deve ter assistido
Ao que parecia uma eternidade, querendo ser
O que passávamos de mão em mão entre nós feito o fogo.
Querendo ter peso, desejando o desejo, morrendo
Para se deteriorar em carne, culpa, o breve êxtase do ser.
De qual sonho do mundo você se libertou contorcendo-se?
O que disparou — e o que se enlutou — quando você mirou sua vontade
Em direção ao *sim* do meu corpo vivo daquele jeito nos lençóis?

nós & cia.

Estamos aqui há umas poucas horas
                                                     um dia, no máximo.
Sentimos os arredores tentando sondar o terreno,
                                                     nossos novos membros
Se debatendo contra um rebanho de corpos
                                                   até que um se torne um lar.
Momentos passam rápido. A grama se curva
                                       então aprende outra vez a se levantar.

notas

O título "Meu Deus, está cheia de estrelas" é adaptado de uma citação do romance *2001: Uma odisseia no espaço*, de Arthur C. Clarke: "A coisa é oca... ela continua para sempre... e... ah, meu Deus... está cheia de estrelas!" [Aleph, 2013, tradução de Fábio Fernandes]. A citação também é a fala de abertura do filme *2010: O ano em que faremos contato*, de Peter Hyams.

O título "Você não se espanta, às vezes?" é uma citação da canção "Sound and vision", de David Bowie, que integra o álbum *Low*, de 1977.

"Máquina salvadora" teve seu título extraído da canção "Saviour machine", de David Bowie, gravada no álbum *The Man Who Sold the World*, de 1970.

Em "A velocidade da crença", Java, Bali e Cáspio são espécies de tigre consideradas em extinção.

O título "Vida em Marte" foi emprestado da canção "Life on Mars?", de David Bowie, lançada no álbum *Honky Dory*, de 1971. Trechos da seção 7 do poema, que se refere ao abuso de prisioneiros pelos militares estadunidenses na prisão de Abu Ghraib, no Iraque, foram retirados das seguintes fontes:

> "Era bem nojento, algo que você não esperaria de americanos" é uma frase do senador republicano Norm Coleman, de Minnesota, retirada da "Weekly Review", *Harper's Magazine*, 18 de maio de 2004.
>
> Diálogo do programa de rádio *Rush Limbaugh Show* de 4 de maio de 2004, intitulado "It's Not about Us; This Is War!" [Não é sobre nós, isso é guerra!]:
>
>> OUVINTE: Aqueles homens nus amontoados pareciam com uma daquelas peças pregadas nas fraternidades de universidade.
>> LIMBAUGH: Exatamente. Este é exatamente o meu ponto. Isso não é diferente do que acontece numa iniciação da *Skull and Bones*, e vamos arruinar a vida das pessoas

por causa disso e vamos prejudicar o nosso esforço militar, e então vamos realmente esmagá-los porque estavam se divertindo. Você sabe, essas pessoas estão sendo demitidas diariamente. Estou falando de pessoas se divertindo, essas pessoas, você já ouviu falar de alívio emocional? Já ouviu falar da necessidade de aliviar a tensão?

O poema "Eles podem amar tudo o que ele escolheu e odiar tudo o que ele rejeitou" é baseado nas seguintes reportagens publicadas pelo *New York Times* em meados de 2009:

Em 6 de maio de 2009, Stephen P. Morgan matou a tiros Johanna Justin-Jinich, que estudava na Universidade Wesleyan. Um diário pertencente a Morgan continha entradas que diziam: "Acho que tudo bem matar judeus e fazer uma matança nessa faculdade" e "Mate Johanna. Ela deve morrer".

Em 28 de maio de 2009, Omar Edwards, policial da NYPD que estava de folga, levou um tiro fatal do colega de profissão Andrew P. Dunton. Edwards, que era negro, sacou sua arma depois de dar um flagrante e perseguir um homem que estava arrombando seu carro na rua East 123rd. O agente Dunton, um dos três policiais brancos patrulhando a vizinhança em uma viatura não identificada, viu Edwards correndo pela rua com a arma em punho e saiu do carro gritando "Polícia, largue a arma!".

Em 30 de maio de 2009, Jason "Gunny" Bush, Shawna Forde e Albert Gaxiola, integrantes da milícia Minutemen American, chegaram à casa de Raul J. Flores vestindo uniformes semelhantes aos de agentes policiais. Eles abriram fogo e assassinaram Flores e sua filha Brisenia, de 9 anos. A esposa, Gina Gonzalez, foi ferida.

Em 31 de maio de 2009, Dr. George R. Tiller, médico especialista em abortos tardios, levou um tiro e foi assassinado no átrio da igreja que frequentava, em Wichita, Kansas. Scott Roeder foi levado sob custódia como suspeito pelo crime. Tiller tinha sido vítima de outra agressão 16 anos antes, quando levou tiros nos dois braços em um ataque realizado por Rachelle "Shelly" Shannon, uma militante contra o aborto.

Em 10 de junho de 2009, James von Brunn, um supremacista branco de 88 anos, entrou no Museu do Memorial do Holocausto nos EUA e abriu fogo, matando o segurança

Stephen Tyrone Johns, de 39 anos, antes de levar um tiro no rosto disparado por outro segurança da instituição.

O título do poema foi extraído de "As regras da comunidade", um dos Manuscritos do Mar Morto descobertos em Qumrã em meados do século XX.

O cartão-postal de J (Johanna Justin-Jinich) para S (Stephen P. Morgan) termina com uma citação do soneto nº 20, de Pablo Neruda [que se inicia com "Esta noite posso escrever os versos mais tristes", ver: *Poemas de Pablo Neruda para jovens*, Nova Fronteira, 2021, tradução de Marília Garcia].

agradecimentos

Um reconhecimento cheio de gratidão é dedicado aos editores das seguintes revistas, que publicaram as primeiras versões destes poemas: *Awl, Barrow Street, Bat City Review, Believer, Portable Boog Reader n° 5, Cimarron Review, Eleven Eleven, The New Yorker, Ploughshares, PMS: poemmemoirstory, Tin House, Zoland Poetry n° 4*.

"Isso & Cia." foi lido no programa *Front Row* da BBC em 15 de outubro de 2010.

"Vida em Marte" foi publicado inicialmente nos sites rolexmentorprotege.com e brooklynpoetry.com.

A penúltima seção de "A velocidade da crença" apareceu em formato vídeo no site badilishapoetry.com, como "Water, Shade" [Água, Sombra].

"O universo enquanto grito primal" apareceu em formato vídeo no site rolexmentorprotege.com.

Gostaria de agradecer a Jericho Brown, Tina Chang, David Semanki, Mark Doty, Paul Lisicky e Hans Magnus Enzensberger. Também sou muito grata pelos apoios da Universidade de Princeton e da iniciativa Rolex Mentor & Protégé Arts, que contribuíram para a conclusão deste livro.

LIFE ON MARS

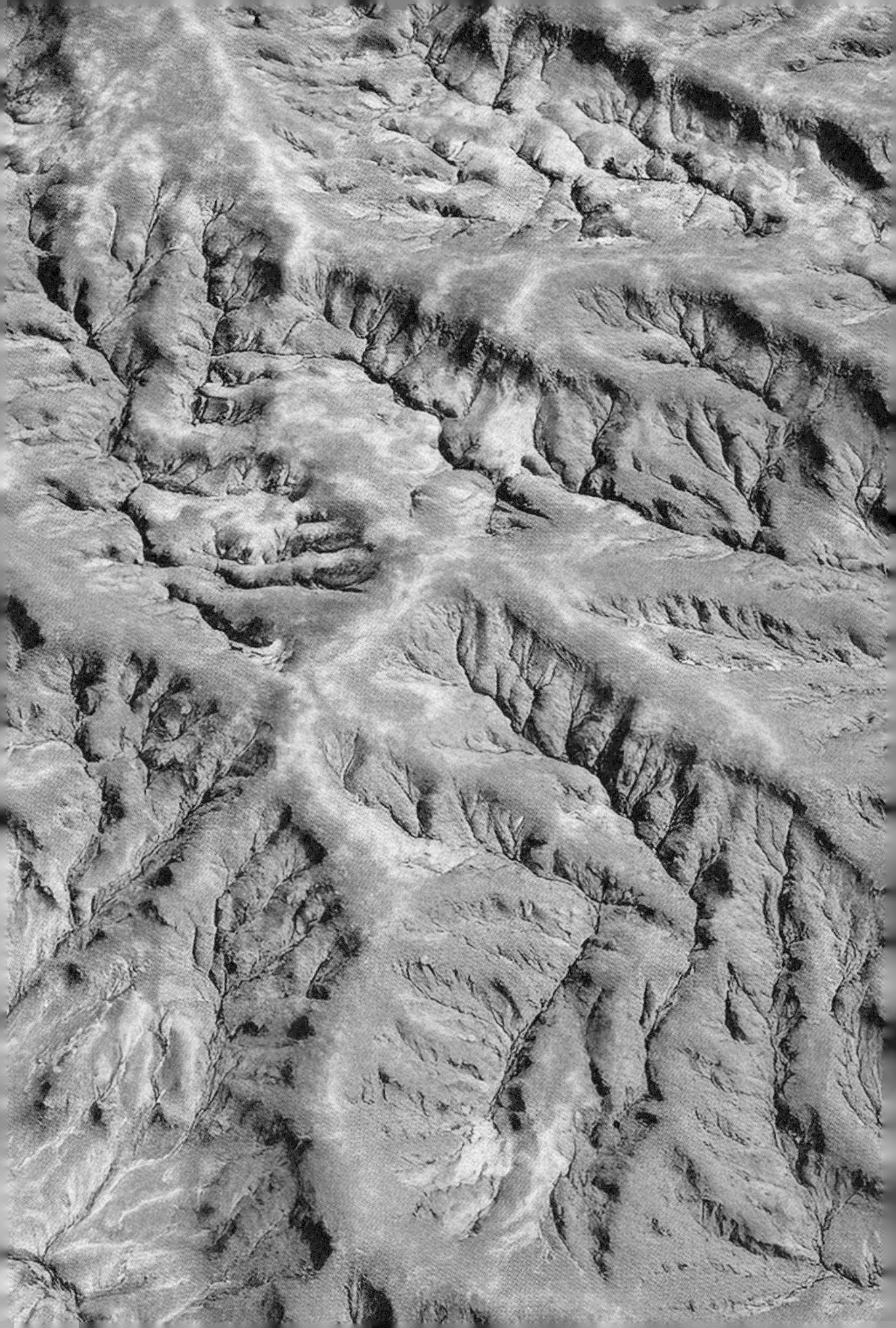

THE WEATHER IN SPACE

Is God being or pure force? The wind
Or what commands it? When our lives slow
And we can hold all that we love, it sprawls
In our laps like a gangly doll. When the storm
Kicks up and nothing is ours, we go chasing
After all we're certain to lose, so alive—
Faces radiant with panic.

———— one

SCI-FI

There will be no edges, but curves.
Clean lines pointing only forward.

History, with its hard spine & dog-eared
Corners, will be replaced with nuance,

Just like the dinosaurs gave way
To mounds and mounds of ice.

Women will still be women, but
The distinction will be empty. Sex,

Having outlived every threat, will gratify
Only the mind, which is where it will exist.

For kicks, we'll dance for ourselves
Before mirrors studded with golden bulbs.

The oldest among us will recognize that glow—
But the word *sun* will have been re-assigned

To a Standard Uranium-Neutralizing device
Found in households and nursing homes.

And yes, we'll live to be much older, thanks
To popular consensus. Weightless, unhinged,

Eons from even our own moon, we'll drift
In the haze of space, which will be, once

And for all, scrutable and safe.

•

MY GOD, IT'S FULL OF STARS

1.

We like to think of it as parallel to what we know,
Only bigger. One man against the authorities.
Or one man against a city of zombies. One man

Who is not, in fact, a man, sent to understand
The caravan of men now chasing him like red ants
Let loose down the pants of America. Man on the run.

Man with a ship to catch, a payload to drop,
This message going out to all of space. . . . Though
Maybe it's more like life below the sea: silent,

Buoyant, bizarrely benign. Relics
Of an outmoded design. Some like to imagine
A cosmic mother watching through a spray of stars,

Mouthing *yes, yes* as we toddle toward the light,
Biting her lip if we teeter at some ledge. Longing
To sweep us to her breast, she hopes for the best

While the father storms through adjacent rooms
Ranting with the force of Kingdom Come,
Not caring anymore what might snap us in its jaw.

Sometimes, what I see is a library in a rural community.
All the tall shelves in the big open room. And the pencils
In a cup at Circulation, gnawed on by the entire population.

The books have lived here all along, belonging
For weeks at a time to one or another in the brief sequence
Of family names, speaking (at night mostly) to a face,

A pair of eyes. The most remarkable lies.

2.

Charlton Heston is waiting to be let in. He asked once politely.
A second time with force from the diaphragm. The third time,
He did it like Moses: arms raised high, face an apocryphal white.

Shirt crisp, suit trim, he stoops a little coming in,
Then grows tall. He scans the room. He stands until I gesture,
Then he sits. Birds commence their evening chatter. Someone fires

Charcoals out below. He'll take a whiskey if I have it. Water if I don't.
I ask him to start from the beginning, but he goes only halfway back.
That was the future once, he says. Before the world went upside down.

Hero, survivor, God's right hand man, I know he sees the blank
Surface of the moon where I see a language built from brick and bone.
He sits straight in his seat, takes a long, slow high-thespian breath,

Then lets it go. *For all I know, I was the last true man on this earth.* And:
May I smoke? The voices outside soften. Planes jet past heading off or back.
Someone cries that she does not want to go to bed. Footsteps overhead.

A fountain in the neighbor's yard babbles to itself, and the night air
Lifts the sound indoors. It was another time, he says, picking up again.
We were pioneers. Will you fight to stay alive here, riding the earth

Toward God-knows-where? I think of Atlantis buried under ice, gone
One day from sight, the shore from which it rose now glacial and stark.
Our eyes adjust to the dark.

3.

Perhaps the great error is believing we're alone,
That the others have come and gone —a momentary blip—
When all along, space might be choc-full of traffic,
Bursting at the seams with energy we neither feel
Nor see, flush against us, living, dying, deciding,
Setting solid feet down on planets everywhere,
Bowing to the great stars that command, pitching stones
At whatever are their moons. They live wondering
If they are the only ones, knowing only the wish to know,
And the great black distance they—we—flicker in.

Maybe the dead know, their eyes widening at last,
Seeing the high beams of a million galaxies flick on
At twilight. Hearing the engines flare, the horns
Not letting up, the frenzy of being. I want it to be
One notch below bedlam, like a radio without a dial.
Wide open, so everything floods in at once.
And sealed tight, so nothing escapes. Not even time,
Which should curl in on itself and loop around like smoke.
So that I might be sitting now beside my father
As he raises a lit match to the bowl of his pipe
For the first time in the winter of 1959.

4.

In those last scenes of Kubrick's *2001*
When Dave is whisked into the center of space,
Which unfurls in an aurora of orgasmic light
Before opening wide, like a jungle orchid
For a love-struck bee, then goes liquid,
Paint-in-water, and then gauze wafting out and off,
Before, finally, the night tide, luminescent
And vague, swirls in, and on and on. . . .

In those last scenes, as he floats
Above Jupiter's vast canyons and seas,
Over the lava strewn plains and mountains
Packed in ice, that whole time, he doesn't blink.
In his little ship, blind to what he rides, whisked
Across the wide-screen of unparcelled time,
Who knows what blazes through his mind?
Is it still his life he moves through, or does
That end at the end of what he can name?

On set, it's shot after shot till Kubrick is happy,
Then the costumes go back on their racks
And the great gleaming set goes black.

5.

When my father worked on the Hubble Telescope, he said
They operated like surgeons: scrubbed and sheathed
In papery green, the room a clean cold, and bright white.

He'd read Larry Niven at home, and drink scotch on the rocks,
His eyes exhausted and pink. These were the Reagan years,
When we lived with our finger on The Button and struggled

To view our enemies as children. My father spent whole seasons
Bowing before the oracle-eye, hungry for what it would find.
His face lit-up whenever anyone asked, and his arms would rise

As if he were weightless, perfectly at ease in the never-ending
Night of space. On the ground, we tied postcards to balloons
For peace. Prince Charles married Lady Di. Rock Hudson died.

We learned new words for things. The decade changed.

The first few pictures came back blurred, and I felt ashamed
For all the cheerful engineers, my father and his tribe. The second time,
The optics jibed. We saw to the edge of all there is—

So brutal and alive it seemed to comprehend us back.

•

THE UNIVERSE IS A HOUSE PARTY

The universe is expanding. Look: postcards
And panties, bottles with lipstick on the rim,

Orphan socks and napkins dried into knots.
Quickly, wordlessly, all of it whisked into file

With radio waves from a generation ago
Drifting to the edge of what doesn't end,

Like the air inside a balloon. Is it bright?
Will our eyes crimp shut? Is it molten, atomic,

A conflagration of suns? It sounds like the kind of party
Your neighbors forget to invite you to: bass throbbing

Through walls, and everyone thudding around drunk
On the roof. We grind lenses to an impossible strength,

Point them toward the future, and dream of beings
We'll welcome with indefatigable hospitality:

How marvelous you've come! We won't flinch
At the pinprick mouths, the nubbin limbs. We'll rise,

Gracile, robust. *Mi casa es su casa.* Never more sincere.
Seeing us, they'll know exactly what we mean.

Of course, it's ours. If it's anyone's, it's ours.

•

THE MUSEUM OF OBSOLESCENCE

So much we once coveted. So much
That would have saved us, but lived,

Instead, its own quick span, returning
To uselessness with the mute acquiescence

Of shed skin. It watches us watch it:
Our faulty eyes, our telltale heat, hearts

Ticking through our shirts. We're here
To titter at the gimcracks, the naïve tools,

The replicas of replicas stacked like bricks.
There's green money, and oil in drums.

Pots of honey pilfered from a tomb. Books
Recounting the wars, maps of fizzled stars.

In the south wing, there's a small room
Where a living man sits on display. Ask,

And he'll describe the old beliefs. If you
Laugh, he'll lower his head to his hands

And sigh. When he dies, they'll replace him
With a video looping on *ad infinitum*.

Special installations come and go. "Love"
Was up for a season, followed by "Illness,"

Concepts difficult to grasp. The last thing you see
(After a mirror—someone's idea of a joke?)

Is an image of the old planet taken from space.
Outside, vendors hawk t-shirts, three for eight.

•

CATHEDRAL KITSCH

Does God love gold?
Does He shine back
At Himself from walls
Like these, leafed
In the earth's softest wealth?

Women light candles,
Pray into their fistful of beads.
Cameras spit human light
Into the vast holy dark,

And what glistens back
Is high up and cold. I feel
Man here. The same wish
That named the planets.

Man with his shoes and tools,
His insistence to prove we exist
Just like God, in the large
And the small, the great

And the frayed. In the chords
That rise from the tall brass pipes,
And the chorus of crushed cans
Someone drags over cobbles
In the secular street.

•

AT SOME POINT, THEY'LL WANT TO KNOW WHAT IT WAS LIKE

There was something about how it felt. Not just the during—
That rough churn of bulk and breath, limb and tooth, the mass of us,
The quickness we made and rode—but mostly the before.

The waiting, knowing what would become. Pang. Pleasure then pain.
Then the underwater ride of after. Thrown-off like a coat over a bridge.
Somehow you'd just give away what you'd die without. You just gave.

The best was having nothing. No hope. No name in the throat.
And finding the breath in you, the body, to ask.

•

IT & CO.

We are a part of It. Not guests.
Is It us, or what contains us?
How can It be anything but an idea,
Something teetering on the spine
Of the number *i*? It is elegant
But coy. It avoids the blunt ends
Of our fingers as we point. We
Have gone looking for It everywhere:
In Bibles and bandwidth, blooming
Like a wound from the ocean floor.
Still, It resists the matter of false vs. real.
Unconvinced by our zeal, It is un-
Appeasable. It is like some novels:
Vast and unreadable.

•

THE LARGENESS WE CAN'T SEE

When our laughter skids across the floor
Like beads yanked from some girl's throat,
What waits where the laughter gathers?

And later, when our saw-toothed breaths
Lay us down on a bed of leaves, what feeds
With ceaseless focus on the leaves?

It's solid, yet permeable, like a mood.
Like God, it has no face. Like lust,
It flickers on without a prick of guilt.

We move in and out of rooms, leaving
Our dust, our voices pooled on sills.
We hurry from door to door in a downpour

Of days. Old trees inch up, their trunks thick
With new rings. All that we see grows
Into the ground. And all we live blind to

Leans its deathless heft to our ears
                                  and sings.

•

DON'T YOU WONDER, SOMETIMES?

1.

After dark, stars glisten like ice, and the distance they span
Hides something elemental. Not God, exactly. More like
Some thin-hipped glittering Bowie-being—a Starman
Or cosmic ace hovering, swaying, aching to make us see.
And what would we do, you and I, if we could know for sure

That someone was there squinting through the dust,
Saying nothing is lost, that everything lives on waiting only
To be wanted back badly enough? Would you go then,
Even for a few nights, into that other life where you
And that first she loved, blind to the future once, and happy?

Would I put on my coat and return to the kitchen where my
Mother and father sit waiting, dinner keeping warm on the stove?
Bowie will never die. Nothing will come for him in his sleep
Or charging through his veins. And he'll never grow old,
Just like the woman you lost, who will always be dark-haired

And flush-faced, running toward an electronic screen
That clocks the minutes, the miles left to go. Just like the life
In which I'm forever a child looking out my window at the night sky
Thinking one day I'll touch the world with bare hands
Even if it burns.

2.

He leaves no tracks. Slips past, quick as a cat. That's Bowie
For you: the Pope of Pop, coy as Christ. Like a play
Within a play, he's trademarked twice. The hours

Plink past like water from a window A/C. We sweat it out,
Teach ourselves to wait. Silently, lazily, collapse happens.
But not for Bowie. He cocks his head, grins that wicked grin.

Time never stops, but does it end? And how many lives
Before take-off, before we find ourselves
Beyond ourselves, all glam-glow, all twinkle and gold?

The future isn't what it used to be. Even Bowie thirsts
For something good and cold. Jets blink across the sky
Like migratory souls.

3.

Bowie is among us. Right here
In New York City. In a baseball cap
And expensive jeans. Ducking into
A deli. Flashing all those teeth
At the doorman on his way back up.
Or he's hailing a taxi on Lafayette
As the sky clouds over at dusk.
He's in no rush. Doesn't feel
The way you'd think he feels.
Doesn't strut or gloat. Tells jokes.

I've lived here all these years
And never seen him. Like not knowing
A comet from a shooting star.
But I'll bet he burns bright,
Dragging a tail of white-hot matter
The way some of us track tissue

Back from the toilet stall. He's got
The whole world under his foot,
And we are small alongside,
Though there are occasions

When a man his size can meet
Your eyes for just a blip of time
And send a thought like SHINE
SHINE SHINE SHINE SHINE
Straight to your mind. Bowie,
I want to believe you. Want to feel
Your will like the wind before rain.
The kind everything simply obeys,
Swept up in that hypnotic dance
As if something with the power to do so
Had looked its way and said:
>
> *Go ahead.*

•

savior machine

I spent two years not looking
Into the mirror in his office.
Talking, instead, into my hands
Or a pillow in my lap. Glancing up
Occasionally to let out a laugh.
Gradually it felt like a date with a friend,
Which meant it was time to end.

Two years later, I saw him walking
Up Jay Street into the sun. No jacket,
His face a little chapped from wind.
He looked like an ordinary man carrying
Shirts home from the laundry, smiling
About something his daughter had said
Earlier that morning. Back before

You existed to me, you were a theory.
Now I know everything: the words you hate.
Where you itch at night. In our hallway,

There are five photos of your dead wife.
This is what we mean by sharing a life. Still,
From time to time, I think of him watching me
From over the top of his glasses, or eating candy

From a jar. I remember thanking him each time
The session was done. But mostly what I see
Is a human hand reaching down to lift
A pebble from my tongue.

•

THE SOUL

The voice is clean. Has heft. Like stones
Dropped in still water, or tossed
One after the other at a low wall.
Chipping away at what pushes back.
Not always making a dent, but keeping at it.
And the silence around it is a door
Punched through with light. A garment
That attests to breasts, the privacy
Between thighs. The body is what we lean toward,
Tensing as it darts, dancing away.
But it's the voice that enters us. Even
Saying nothing. Even saying nothing
Over and over absently to itself.

•

THE UNIVERSE: ORIGINAL MOTION PICTURE SOUNDTRACK

The first track still almost swings. High hat and snare, even
A few bars of sax the stratosphere will singe-out soon enough.

Synthesized strings. Then something like cellophane
Breaking in as if snagged to a shoe. Crinkle and drag. White noise,

Black noise. What must be voices bob up, then drop, like metal shavings
In molasses. So much for us. So much for the flags we bored

Into planets dry as chalk, for the tin cans we filled with fire
And rode like cowboys into all we tried to tame. Listen:

The dark we've only ever imagined now audible, thrumming,
Marbled with static like gristly meat. A chorus of engines churns.

Silence taunts: a dare. Everything that disappears
Disappears as if returning somewhere.

───── TWO

THE SPEED OF BELIEF

> *In memoriam, Floyd William Smith 1935-2008*

I didn't want to wait on my knees
In a room made quiet by waiting.

A room where we'd listen for the rise
Of breath, the burble in his throat.

I didn't want the orchids or the trays
Of food meant to fortify that silence,

Or to pray for him to stay or to go then
Finally toward that ecstatic light.

I didn't want to believe
What we believe in those rooms:

That we are blessed, letting go,
Letting someone, anyone,

Drag open the drapes and heave us
Back into our blinding, bright lives.

•

When your own sweet father died
You woke before first light
And ate half a plate of eggs and grits,
And drank a glass of milk.

After you'd left, I sat in your place
And finished the toast bits with jam
And the cold eggs, the thick bacon
Flanged in fat, savoring the taste.

Then I slept, too young to know how narrow
And grave the road before you seemed—
All the houses zipped tight, the night's
Few clouds muddy as cold coffee.

You stayed gone a week, and who were we
Without your clean profile nicking away
At anything that made us afraid?
One neighbor sent a cake. We ate

The baked chickens, the honeyed hams.
We bowed our heads and prayed
You'd come back safe,
Knowing you would.

•

What does the storm set free? Spirits stripped of flesh on their slow walk.
The poor in cities learn: when there is no place to lie down, walk.

At night, the streets are minefields. Only sirens drown out the cries.
If you're being followed, hang on to yourself and run—no—walk.

I wandered through evenings of lit windows, laughter inside walls.
The sole steps amid streetlamps, errant stars. Nothing else below walked.

When we believed in the underworld, we buried fortunes for our dead.
Low country of dogs and servants, where ghosts in gold-stitched robes walk.

Old loves turn up in dreams, still livid at every slight. Show them out.
This bed is full. Our limbs tangle in sleep, but our shadows walk.

Perhaps one day it will be enough to live a few seasons and return to ash.
No children to carry our names. No grief. Life will be a brief, hollow walk.

My father won't lie still, though his legs are buried in trousers and socks.
But where does all he knew — and all he must now know — walk?

•

Probably he spun out of himself
And landed squarely in that there, his new
Body capable, lean, vibrating at the speed

Of belief. She was probably waiting
In the light everyone describes,
Gesturing for him to come. Surely they
Spent the whole first day together, walking
Past the city and out into the orchards
Where perfect figs and plums ripen
Without fear. They told us not to go
Tipping tables looking for them. Not even
To visit their bodies in the ground. They are
Sometimes maybe what calls out
To people stuck in some impossible hell.
The ones who later recall, "I heard a voice
Saying *Go* and finally, as if by magic, I was able
Simply to go."

•

What happens when the body goes slack?
When what anchors us just drifts off toward. . . .
What that is ours will remain intact?

When I was young, my father was lord
Of a small kingdom: a wife, a garden,
Kids for whom his word was Word.

It took years for my view to harden,
To shrink him to human size
And realize the door leading out was open.

I walked through, and my eyes
Swallowed everything, no matter
How it cut. To bleed was my prize:

I was free, nobody's daughter,
Perfecting an easy weightless laughter.

•

Of all the original tribes, the Javan has walked into the dappled green light.
Also the Bali, flicking his tail as the last clouds in the world dissolved at his back.
And the Caspian, with his famous winter mane, has lain down finally for good.
Or so we believe. And so I imagine you must be even more alone now,

The only heat of your kind for miles. A solitary country. At dawn, you listen
Past the birds rutting the trees, past even the fish at their mischief. You listen
The way a woman listens to the apparatus of her body. And it reaches you,
My own wish, like a scent, a rag on the wind. It'll do no good to coax you back

From that heaven of leaves, of cool earth and nothing to fear. How far.
How lush your bed. How heavy your prey. Day arrives. You gorge, sleep,
Wade the stream. Night kneels at your feet like a gypsy glistening with jewels.
You raise your head and the great mouth yawns. You swallow the light.

•

You stepped out of the body.
Unzipped it like a coat.
And will it drag you back
As flesh, voice, scent?

What heat burns without touch,
And what does it become?
What are they that move
Through these rooms without even

The encumbrance of shadows?
If you are one of them, I praise
The god of all gods, who is
Nothing and nowhere, a law,

Immutable proof. And if you are bound
By habit or will to be one of us
Again, I pray you are what waits
To break back into the world

Through me.

•

IT'S NOT

for Jean

That death was thinking of you or me
Or our family, or the woman
Our father would abandon when he died.

Death was thinking what it owed him:
His ride beyond the body, its garments,

Beyond the taxes that swarm each year,
The car and its fuel injection, the fruit trees
Heavy in his garden. Death led him past
The aisles of tools, the freezer lined with meat,
The television saying over and over *Seek*

And ye shall find. So why do we insist
He has vanished, that death ran off with our
Everything worth having? Why not that he was
Swimming only through this life—his slow,
Graceful crawl, shoulders rippling,

Legs slicing away at the waves, gliding
Further into what life itself denies?
He is only gone so far as we can tell. Though
When I try, I see the white cloud of his hair
In the distance like an eternity.

——— THREE

LIFE ON MARS

1.

Tina says what if dark matter is like the space between people
When what holds them together isn't exactly love, and I think
That sounds right—how strong the pull can be, as if something
That knows better won't let you drift apart so easily, and how
Small and heavy you feel, stuck there spinning in place.

Anita feels it now as a tug toward the phone, though she knows
The ear at the other end isn't there anymore. She'll beat her head
Against the rungs of her room till it splits, and the static that seeps out
Will lull her to sleep, where she'll dream of him walking just ahead
Beside a woman whose mouth spills *O* after *O* of operatic laughter.

But Tina isn't talking about men and women, what starts in our bodies
And then pushes out toward anywhere once the joy of it disappears.

She means families. How two sisters, say, can stop knowing one another,
Stop hearing the same language, scalding themselves on something
Every time they try to touch. What lives beside us passing for air?

2.

Last year, there was a father in the news who kept his daughter
Locked in a cell for decades. She lived right under his feet,
Cooking food, watching TV. The same pipes threading through his life
Led in and out of hers. Every year the footsteps downstairs multiplied.

Babies wailing through the night. Kids screaming to be let outside.
Every day, the man crept down into that room, bringing food,
Lying down with the daughter, who had no choice. Like a god
Moving through a world where every face looked furtively into his,

Then turned away. They cursed him to his back. He didn't hear.
They begged him for air, and all he saw were bodies on their knees.
How close that room. What heat. And his wife upstairs, hearing
Their clamor underfoot, thinking the house must just be

Settling into itself with age.

3.

Tina says dark matter is just a theory. Something
We know is there, but can't completely prove.

We move through it, bound, sensing it snatch up
What we mean to say and turn it over in its hands

Like glass sifted from the sea. It walks the shore,
Watching that refracted light dance back and forth

Before tossing whatever it was back to the surf.

4.

How else could we get things so wrong,
Like a story hacked to bits and told in reverse?—

5.

He grabbed my blouse at the neck.
All I thought was This is my very best
And he will ruin it. *Wind, dirt, his hands
Hard on me.* I heard the others
Jostling to watch as they waited
For their turns.

They were not glad to do it,
But they were eager.
They all wanted to, and fought
About who would go first.

We went to the cart
Where others sat waiting.
They laughed and it sounded
Like the black clouds that explode
Over the desert at night.

I knew which direction to go
From the stench of what still burned.
It was funny to see my house
Like that—as if the roof
Had been lifted up and carried off
By someone playing at dolls.

6.

Who understands the world, and when
Will he make it make sense? Or she?

Maybe there is a pair of them, and they sit
Watching the cream disperse into their coffee

Like the A-bomb. *This equals that*, one says,
Arranging a swarm of coordinates

On a giant grid. They exchange smiles.
It's so simple, they'll be done by lunchtime,

Will have the whole afternoon to spend naming
The spaces between spaces, which their eyes

Have been trained to distinguish. Nothing
Eludes them. And when the nothing that is

Something creeps toward them, wanting
To be felt, they feel it. Then they jot down

Equation after equation, smiling to one another,
Lips sealed tight.

7.

Some of the prisoners were strung like beef
From the ceilings of their cells. "Gus"
Was led around on a leash. I mean dragged.
Others were ridden like mules. The guards
Were under a tremendous amount of pleasure.
I mean pressure. Pretty disgusting. Not
What you'd expect from Americans.
Just kidding. I'm only talking about people
Having a good time, blowing off steam.

8.

The earth beneath us. The earth
Around and above. The earth
Pushing up against our houses,
Complicit with gravity. The earth
Ageless watching us rise and curl.
Our spades, our oxen, the jagged lines
We carve into dirt. The earth
Nicked and sliced into territory.
Hacked and hollowed. Stoppered tight.
Tripwire. The earth ticking with mines,
Patient, biding its time. The earth
Floating in darkness, suspended in spin.
The earth gunning it around the sun.
The earth we ride in disbelief.
The earth we plunder like thieves.
The earth caked to mud in the belly
Of a village with no food. Burying us.
The earth coming off on our shoes.

9.

Tina says we do it to one another, every day,
Knowing and not knowing. When it is love,
What happens feels like dumb luck. When it's not,
We're riddled with bullets, shot through like ducks.

Every day. To ourselves and one another. And what
If what it is, and what sends it, has nothing to do
With what we can't see? Nothing whatsoever
To do with a power other than muscle, will, sheer fright?

•

SOLSTICE

They're gassing geese outside of JFK.
Tehran will likely fill up soon with blood.
The *Times* is getting smaller day by day.

We've learned to back away from all we say
And, more or less, agree with what we should.
Whole flocks are being gassed near JFK.

So much of what we're asked is to obey—
A reflex we'd abandon if we could.
The *Times* reported 19 dead today.

They're going to make the opposition pay.
(If you're sympathetic, knock on wood.)
The geese were terrorizing JFK.

Remember how they taught you once to pray?
Eyes closed, on your knees, to any god?
Sometimes, small minds seem to take the day.

Election fraud. A migratory plague.
Less and less surprises us as odd.
We dislike what they did at JFK.
Our time is brief. We dwindle by the day.

•

no-fly zone

1.

She fears something but can't say what.
She goes in reverse, mopping up her own tracks.
When she sleeps, it's always the same foggy night.

The dead have stopped knocking. No answer.
Their big cars hover along her block, engines
Idling, woofers pumping that relentless bass

Into the bones of her house. All night they pass
Bottles cinched in bags back and forth
Through open windows.

I want to wake her. Drag her by the gown
Down into the street where her parents
Are alive again, laughing like stoned teenagers

At some idiot joke. Look, I want to say,
The worst thing you can imagine has already
Zipped up its coat and is heading back
Up the road to wherever it came from.

2.

She sends the air out of her lungs
Wanting to lie down
And fritter away like ash, thinking
Who would worry
If I marched into the sea
Till it rose around me like honey?

3.

Once upon a time, a woman told this to her daughter:
Save yourself. The girl didn't think to ask *for what?*
She looked into her mother's face and answered *Yes.*
Years later, alone in the room where she lives
The daughter listens to the life she's been saved from:

Evening patter. Summer laughter. Young bodies
Racing into the unmitigated happiness of danger.

4.

Out where the houses are low to the ground,
Dwarfed by overgrown trees and the ancient poles
Whose wires carry gossip from kitchen to kitchen,
The dogs run in packs, like children. The true children
Live indoors like sullen sages. *Pick up your bed and walk.*
You get used to doing nothing pretty quickly. Fish on Friday.
Biscuits-n-gravy. It's a sin to live behind curtains.
Pick up your bed and walk. Memory's stubborn—
I mean misery. You sit in silence waiting to be chosen.
Behaving. *Pick up your bed and walk.* You want it all
Over again. Past Perfect. But go back and they make you
Start from the beginning. Climb out, they put you right back in.
You lie there kicking like a baby, waiting for God himself
To lift you past the rungs of your crib. What
Would your life say if it could talk?

•

CHALLENGER

She gets herself so wound up. I think
She likes it. Like a wrung rag, or a wire
Wrapped round itself into a spring.

And the pressure, the brute strength
It takes to hold things that way, to keep them
From straightening out, is up to her

To maintain. She's like a kettle about to blow.
All that steam anxious to rise and go.
I get tired watching it happen, the eyes

Alive with their fury against the self,
The words swelling in the chest, and then
The voice racing into anyone's face.

She likes to hear it, her throat hoarse
With nonsense and the story that must
Get told again and again, no matter.

Blast off! she likes to think, though
What comes to mind at the moment
Is earthly. A local wind. Chill and small.

•

ransom

When the freighters inch past in the distance
The men load their small boats. They motor out,
Buzzing like mosquitoes, aimed at the iron
Side of the blind ship as it creeps closer.

They have guns. They know the sea like it
Is their mother, and she is not well. Her fish
Are gone. She heaves barrels leaking disease
Onto the shores. When she goes into a fit,

She throws a curse upon the land, dragging
Houses, people to their deaths. She glows
In a way she should not. She tastes of industry.
No one is fighting for her, and so they fight.

By night, they load their boats and motor out,
And by day, they aim their guns at the ships,
Climbing aboard. It is clear what they want.
The white men scramble. Some fight back.

When one is taken, the whole world sits up
To watch. When the pirates fall, the world
Smiles to itself, thanking goodness. They
Show the black faces and the dead black bodies

On TV. When the pirates win, after the great
White ships return to their own shores,
There is a party that lasts for days.

•

THEY MAY LOVE ALL THAT HE HAS CHOSEN AND HATE ALL THAT HE HAS REJECTED

I.

I don't want to hear their voices.
To stand sucking my teeth while they
Rant. For once, I don't want to know
What they call truth, or what flags
Flicker from poles stuck to their roofs.

Let them wait. Lead them to the back porch
And let them lean there while the others eat.
If they thirst, give them a bucket and a tin cup.
If they're sick, tell them the doctor's away,
That he doesn't treat their kind. Warn them

What type of trouble tends to crop up
Around here after dark.

II.

Hate spreads itself out thin and skims the surface,
Nudged along by the tide. When the waves go all to chop,

It breaks up into little bits that scurry off. Some
Get snapped up by what swims, which gets snapped up

Itself. Hooked through the lip or the gills and dragged
Onto deck to bat around at the ankles of men who'll beat it,

Then scrape off the scales and fry it in oil. Afterward,
Some will sleep. And some will feel it bobbing there

On the inside. The night is different after that. Too small.
Something they swear could disappear altogether,

Could lift up and drift off, leaving only the sun,
Which doesn't have better sense than to cast its best light

On just anyone.

III.

Shawna Forde, Jason "Gunny" Bush and Albert Gaxiola,
Who killed Raul Flores and Brisenia Flores.

It'll feel maybe like floating at first
And then a great current gets under you

And James von Brunn, who killed Stephen Tyrone Johns.
And Scott Roeder, who killed George R. Tiller.

And you ride—up to the ridge,
Over the side—feeling a gust of light

And Stephen P. Morgan, who killed Johanna Justin-Jinich.
And Andrew Dunton, who killed Omar Edwards.

Blasting through you
Like wind.

IV: In Which the Dead Send Postcards to Their Assailants from America's Most Celebrated Landmarks

Dear Shawna,

How are you? Today we took a boat out to an island. It was cold even though the sun was hot on my skin. When we got off the boat, there was a statue of a big tall lady. My daddy and I rode in an elevator all the way up to the top of her head. My daddy says we're free now to do whatever we want. I told him I wanted to jump through the window and fly home to Arizona. I hope to become a dancer or a veterinarian.

Love,
Brisenia

....

Dear James,

I walked the whole Mall today, from the Capitol to the Lincoln Memorial. I thought I'd skip the Museum altogether, but my feet wanted to go there, so I let them. I stood outside the doors trying to see in, but it was so bright my own reflection was all that shone back at me. I can choose to feel or not to feel. I realized that today. Mostly it's just nice to move through the crowds like I used to:

unnoticed. Only now they move through me too. Men, women, everyone, feeling untouched. But I've touched them. It's funny. I feel like myself. The breeze off the Potomac is calm.

Sincerely,
Stephen

....

Hello, Scott!

I thought of you today from a small grey pod inside the St. Louis Arch. We inched up, notch by notch, like some Cold War rendition of the womb. At the top, the doors yawned open and we pushed through the people waiting to go back down. The view's mostly of a stadium. On the other side, you see the old city in passive decline. You realize how small you are up there, but everyone still acts normal size. We were an assault on the sleek arch, silent and gleaming alongside the ageless Mississippi. But the guys on the ground keep selling tickets and sending more up. You can feel wind rock- ing the structure all the way at the top.

See you around,
George

....

S—

I'm happy. I'll probably be in Greece soon, or the mountains of Chile. I used to think my body was a container for love. There is so much more now without my body. A kind of ecstasy. Tonight, I'm at the bottom of the Grand Canyon. I don't know where I end. *The night is starry and the stars are blue and shiver in the distance.*

—J

....

Dear Andrew,

I'm still here. I don't think of you often, but when I do, I think you must look at people slowly, spinning through the versions of their lives before you speak. I think you must wonder what's under their coats, in their fists, what words sit warming in their throats. I think you feel humble, human. I hardly think of you, but when I do, it's usually that.

Yours,
Omar
Harlem, USA

....

v.

Or was it fear

                                    Forde, "Gunny" and Gaxiola.

Like a bone caught in the throat

                                            And James von Brunn.
                                                 And Scott Roeder.

Nicking at every breath, every word at the lips

                                             And Stephen P. Morgan.

Like a joke that was on them

                                         And Officer Andrew Dunton.

And no one to trust for help?

vi.

Line them up. Let us look them in the face.

They are not as altogether ugly as we'd like.
Unobserved, they go about their lives
With a familiar concentration. They pay

Their debts down bit by bit. They tithe.
They take the usual pride in their own devotion
To principle. And how radiant each is,

Touched by understanding, ready to stand
And go forth into that unmistakable light.
The good fight. One by one they rise,

Believing what to do, bowing each head
To what leads. And, empty of fear, buoyant
With the thrill of such might
                        they go.

——— FOUR

THE UNIVERSE AS PRIMAL SCREAM

5pm on the nose. They open their mouths
And it rolls out: high, shrill and metallic.
First the boy, then his sister. Occasionally,

They both let loose at once, and I think
Of putting on my shoes to go up and see
Whether it is merely an experiment
Their parents have been conducting
Upon the good crystal, which must surely
Lie shattered to dust on the floor.

Maybe the mother is still proud
Of the four pink lungs she nursed
To such might. Perhaps, if they hit
The magic decibel, the whole building
Will lift-off, and we'll ride to glory
Like Elijah. If this is it—if this is what
Their cries are cocked toward—let the sky
Pass from blue, to red, to molten gold,
To black. Let the heaven we inherit approach.

Whether it is our dead in Old Testament robes,
Or a door opening onto the roiling infinity of space.
Whether it will bend down to greet us like a father,
Or swallow us like a furnace. I'm ready
To meet what refuses to let us keep anything
For long. What teases us with blessings,
Bends us with grief. Wizard, thief, the great
Wind rushing to knock our mirrors to the floor,
To sweep our short lives clean. How mean

Our racket seems beside it. My stereo on shuffle.
The neighbor chopping onions through a wall.
All of it just a hiccough against what may never
Come for us. And the kids upstairs still at it,
Screaming like the Dawn of Man, as if something
They have no name for has begun to insist
Upon being born.

•

everything that ever was

Like a wide wake, rippling
Infinitely into the distance, everything

That ever was still is, somewhere,
Floating near the surface, nursing
Its hunger for you and me

And the now we've named
And made a place of.

Like groundswell sometimes
It surges up, claiming a little piece
Of where we stand.

Like the wind the rains ride in on,
It sweeps across the leaves,

Pushing in past the windows
We didn't slam quickly enough.
Dark water it will take days to drain.

It surprised us last night in my sleep.
Brought food, a gift. Stood squarely

There between us, while your eyes
Danced toward mine, and my hands
Sat working a thread in my lap.

Up close, it was so thin. And when finally
You reached for me, it backed away,

Bereft, but not vanquished. Today,
Whatever it was seems slight, a trail
Of cloud rising up like smoke.

And the trees that watch as I write
Sway in the breeze, as if all that stirs

Under the soil is a little tickle of knowledge
The great blind roots will tease through
And push eventually past.

•

aubade

You wake with a start from some dream
Asking if I want to walk with you around the block.

You go through the things that need doing
Before Monday. Six emails. A presentation on Manet.

No, I don't want to put on clothes and shoes
And dark glasses and follow the dog and you

Down Smith Street. It's eight o'clock. The sun
Is toying with those thick clouds and the trees

Shake their heads in the wind. You exhale,

Wheel your feet to the floor, walk around to my side
And let your back end drop down onto the bed.

You resort to the weather. A high today of 78.
But that's hours away. And look at the dog

Still passed out cold, twitching in a dream.

When we stop talking, we hear the soft sounds
He makes in his sleep. Not quite barking. More like

Learning to speak. As if he's in the middle of a scene
Where he must stand before the great dog god

Trying to account for his life.

•

field guide

You were you, but now and then you'd change.
Sometimes your face was some or another his,
And when I stood facing it, your body flinched.
You wanted to be alone—left alone. You waded
Into streets dense with people: women wearing
Book bags, or wooden beads. Girls holding smoke
A moment behind red mouths then pushing it out,

Posing, not breathing it in. You smiled
Like a man who knows how to crack a safe.

When it got to the point where you were only ever
Him, I had to get out from under it, sit up
And set my feet on the floor. Haven't I lived this
Enough times over? It's morning, but the light's still dark.
There's rain in the garden, and a dove repeating
Where? Are? You? It takes a while, but a voice
Finally answers back. A long phrase. Over
And over. Urgently. Not tiring even after the dove
Seems to be appeased.

•

eggs norwegian

Give a man a stick, and he'll hurl it at the sun
For his dog to race toward as it falls. He'll relish
The snap in those jagged teeth, the rough breath
Sawing in and out through the craggy mouth, the clink
Of tags approaching as the dog canters back. He'll stoop
To do it again and again, so your walk through grass
Lasts all morning, the dog tired now in the heat,
The stick now just a wet and gnarled nub that doesn't sail
So much as drop. And when the dog plops to the grass
Like a misbegotten turd, and even you want nothing
More than a plate of eggs at some sidewalk café, the man—
Who, too, by now has dropped even the idea of *fetch*—
Will push you against a tree and ease his leg between
Your legs as his industrious tongue whispers
Convincingly into your mouth.

•

the good life

When some people talk about money
They speak as if it were a mysterious lover
Who went out to buy milk and never
Came back, and it makes me nostalgic

For the years I lived on coffee and bread,
Hungry all the time, walking to work on payday
Like a woman journeying for water
From a village without a well, then living
One or two nights like everyone else
On roast chicken and red wine.

•

WILLED IN AUTUMN

The room is red, like ourselves
On the inside. We enter
And my heart ticks out its tune
Of *soon, soon*. I kneel

On the bed and wait. The silence
Behind me is you, shallow breaths
That rustle nothing. This will last.
I grip the sheets, telling time

To get lost. I close my eyes
So the red is darker now, deep,
A willed distance that backs away
The faster we approach.

I dream a little plot of land and six
Kid goats. Every night it rains.
Every morning sun breaks through
And the earth is firm again under our feet.

I am writing this so it will stay true.
Go for a while into your life,
But meet me come dusk
At a bar where music sweeps out

From a jukebox choked with ragged bills.
We'll wander back barefoot at night,
Carrying our shoes to save them
From the rain. We'll laugh

To remember all the things
That slaughtered us a lifetime ago,
And at the silly goats, greedy for anything
Soft enough to crack between their teeth.

•

SONG

I think of your hands all those years ago
Learning to maneuver a pencil, or struggling
To fasten a coat. The hands you'd sit on in class,
The nails you chewed absently. The clumsy authority
With which they'd sail to the air when they knew
You knew the answer. I think of them lying empty
At night, of the fingers wrangling something
From your nose, or buried in the cave of your ear.
All the things they did cautiously, pointedly,
Obedient to the suddenest whim. Their shames.
How they failed. What they won't forget year after year.
Or now. Resting on the wheel or the edge of your knee.
I am trying to decide what they feel when they wake up
And discover my body is near. Before touch.
Pushing off the ledge of the easy quiet dancing between us.

•

ALTERNATE TAKE

for Levon Helm

I've been beating my head all day long on the same six lines,
Snapped off and whittled to nothing like the nub of a pencil
Chewed up and smoothed over, yellow paint flecking my teeth.

And this whole time a hot wind's been swatting at my door,
Spat from his mouth and landing smack against my ear.
All day pounding the devil out of six lines and coming up dry,

While he drives donuts through my mind's back woods with that
Dirt-road voice of his, kicking up gravel like a runaway Buick.
He asks *Should I come in with that back beat*, and whatever those

Six lines were bothered by skitters off like water in hot grease.
Come in, Levon, with your lips stretched tight and that pig-eyed grin,
Bass mallet socking it to the drum. Lay it down like you know

You know how, shoulders hiked nice and high, chin tipped back,
So the song has to climb its way out like a man from a mine.

•

sacrament

The women all sing when the pain is too much.
But first there is a deep despairing silence.
I don't know what rocks in them, what wants
To knock them clear. Not just the child,
Who knows only to obey. This something
Takes them from chatter, to a silly dance,
Down to all fours begging to die. Then
It drags them up by the hair, or lays them out flat
And strikes them on the head. Then they see it,
So bright it should be death, commanding *now*.
And again, after a pause. *Now.* Nothing else
Is there between it and them. It burns the air,
Singes sound. Their voices sink deep into themselves,
Down through flesh into the body's own hell. Sometimes
It takes forever for that song only the animals know
To climb back up into air as if to burst the throat.

•

when your small form tumbled into me

I lay sprawled like a big-game rug across the bed:
Belly down, legs wishbone-wide. It was winter.
Workaday. Your father swung his feet to the floor.
The kids upstairs dragged something back and forth
On shrieking wheels. I was empty, blown-through
By whatever swells, swirling, and then breaks
Night after night upon that room. You must have watched
For what felt like forever, wanting to be
What we passed back and forth between us like fire.

Wanting weight, desiring desire, dying
To descend into flesh, fault, the brief ecstasy of being.
From what dream of world did you wriggle free?
What soared—and what grieved—when you aimed your will
At the *yes* of my body alive like that on the sheets?

•

US & CO.

We are here for what amounts to a few hours,
                                                a day at most.
We feel around making sense of the terrain,
                                                our own new limbs,
Bumping up against a herd of bodies
                                      until one becomes home.
Moments sweep past. The grass bends
                                    then learns again to stand.

© Tracy K. Smith, 2007
Publicado com a autorização da Graywolf Press e da Casanovas & Lynch Literary Agency
© Relicário Edições, 2025

Dados Internacionais de Catalogação na Publicação (CIP) de acordo com ISBD

S642v

Smith, Tracy K.

Vida em Marte / Tracy K. Smith; tradução por Stephanie Borges.
– Belo Horizonte: Relicário, 2025.
128 p. ; 15,5 x 21cm.

Título original: *Life on Mars*
Edição bilíngue português-inglês
ISBN 978-65-5090-021-2

1. Poesia norte-americana. I. Borges, Stephanie. II. Título.

CDD: 811
CDU: 821.111

Elaborado pelo bibliotecário Tiago Carneiro – CRB-6/3279

COORDENAÇÃO EDITORIAL Maíra Nassif Passos
EDITOR-ASSISTENTE Thiago Landi
PROJETO GRÁFICO, CAPA & DIAGRAMAÇÃO Ana C. Bahia
IMAGENS IA (Adobe Firefly) a partir de prompts criados por Ana C. Bahia
REVISÃO TÉCNICA Mariana Ruggieri
REVISÃO Thiago Landi

/re.li.cá.rio/

Rua Machado, 155, casa 4, Colégio Batista | Belo Horizonte, MG, 31110-080
contato@relicarioedicoes.com | www.relicarioedicoes.com
relicarioedicoes   relicario.edicoes

1ª edição [2025]

Esta obra foi composta com as famílias tipográficas
Calluna Sans e Panoptica e impressa sobre papel
Ivory 65 g/m² para a Relicário Edições.